이 책이 당신과 당신의 조직이 더 큰 성장을
이룩는데 조금이나마 도움이 되기를 바랍니다.
김 태윤 드림 Medwng

조직의 생존을 결정하는

MZ

리더십

조직의 생존을 결정하는

MZ
리더십

김태윤 지음

리커리어북스

추천사

'우리 직원들은
모두 인재다'

이 책을 관통하는 키워드인 거 같습니다. 모든 꽃이 같은 계절에 필수는 없습니다. 우리 직원들도 어떤 계절에 언제 개화할지 아무도 알 수 없습니다. 어떤 직무를 맡고 어떤 조직문화에서 일하느냐에 따라 '에이스 직원'이 될 수도 'C 플레이어'가 될 수도 있습니다. 비옥한 토양에서 풍요로운 곡식이 열리듯, 좋은 조직문화를 가진 기업이라면 직원들 모두 백인백색(百人百色)의 향기로 온 세상을 진동시킬 수 있을 것입니다.

김경일 | 아주대학교 심리학과 교수

급변하는 시대,
조직의 성공을 위한 필독서!

기업의 생존은 더 이상 개인의 역량만으로는 불가능합니다. 개인의 리더십과 조직 문화, 이 두 가지 축이 톱니바퀴처럼 맞물려 돌아갈 때 비로소 지속 가능한 성장을 이룰 수 있습니다. 특히 MZ세대의 등장으로 조직 내 갈등은 새로운 국면을 맞이했습니다. 기존의 소통 방식은 더 이상 유효하지 않기에 이 책은 새로운 해법을 제시합니다.

다양한 현장 사례를 바탕으로 풀어낸 생생한 스토리텔링은 마치 한 편의 드라마처럼 독자들을 몰입시킵니다. 단순히 이론을 나열하는 것이 아니라, 실제 조직에서 발생하는 갈등 상황을 생생하게 그려내고 그 해결 과정을 보여줌으로써 독자 스스로 솔루션을 찾아갈 수 있도록 돕습니다.

이 책은 '좋은' 조직을 넘어 '위대한' 조직으로 나아가는 데 필요한 통찰력을 제공합니다. 마치 메마른 땅에 단비를 내려주는 '마중물'처럼, 조직 내 잠재된 가능성을 깨우고 성장의 불씨를 지펴줄 것입니다. 변화를 두려워하지 않고, 더 나은 미래를 향해 나아가고자 하는 모든 리더들에게 이 책을 강력히 추천합니다.

신동기 | 前 골드만삭스 홍콩 전무·現 법무법인 대륙아주 고문

이 책에서도 나온 내용이지만 고성과를 창출하는 조직은 '심리적 안정감'이 높은 조직이라는 공통점이 있습니다. 좋은 조직은 내부 공기부터 다릅니다. 좋은 질문, 나쁜 질문은 없습니다. 직원들 서로가 존중하고 인정하는 분위기 속에서 질문과 해답을 함께 찾아 나설 때 비로소 '원팀'(One Team)이자 '드림팀'(Dream Team)으로 성장해 나갈 수 있을 것입니다.

허범무 | 고려대 MBA 교우회장 · 고우넷(주) 대표이사

기업의 '조용한 해고'에 반하여 직원들은 '조용한 사직'으로 대응하는 양상입니다. MZ세대의 본격적인 등장으로 워라밸 시대에 성과와 직원 행복을 동시에 충족시키기 위해서는 좋은 조직문화가 '필수'가 아니라 '목숨줄'이 된 지 오래입니다. 이 책에서 언급한 '미니멀 리더십의 시대'에 최소한의 간섭과 개입으로 우리 직원들의 가능성에 베팅할 때 비로소 기업의 성과는 우상향을 그릴 수 있을 것입니다.

권혁근 | 한국면접관협회 회장

프롤로그 — 조직문화는 회사의 목숨줄이다

"미래가 안 보인다."

"사업계획을 짤 수 있는 상황이 아니다."

코로나 엔데믹 이후 많은 회사들이 비명을 지르고 있습니다. 자영업자들은 지금이 최악의 불경기라고 입을 모아 이야기합니다. 우주여행이 가시화되는 21세기에 우리 눈앞에는 국제전쟁이 일어났고, 물가와 금리 등 경제적 불확실성이 점점 커지고 있습니다. 이런 불안감을 반영하듯 전 세계 최저 출산율은 '헬조선'이라는 자조에 힘을 실어주고 있습니다.

하지만 더 무서운 것은, 매번 하던 패턴대로 전사 차원의 비상 경영을 선언하고 '하면 된다'라는 마인드로 직원들이 똘똘 뭉쳐 정면 돌파하던 시대는 지났다는 것입니다. 오히려 비상 경영을 선언하면 젊은 직원들 중심으로 고용 불안을 느껴 이력서부터 업데이트하게 되는 게 오늘날의 현실입니다.

가장 큰 변화는 조직 관점에서 개인 관점으로 경영을 들여다보아야 한다는 점입니다. 과거는 정장에 흰 와이셔츠 시대였다면, 지금은 비즈니스 스타일을 넘어 티셔츠에 반바지를 착용하는 걸 허용할지를 두고 갑론을박하는 시대가 된 지 오래입니다.

이처럼 생애 처음 경험하는 위기의 시대에, 돌파구를 찾으려면 조직문화에 대한 깊은 고민과 통찰이 필요하다고 생각합니다. 조직문화는 비유하자면 알라딘 램프의 '지니'라고 생각합니다. 영화 속에서 램프를 닦으면 지니가 '펑' 하고 나타나 주인공의 소원을 다 들어주듯이 조직문화를 잘 닦아놓으면 매출, 영업이익 등 재무적 성과 외에 직원 만족도, 이직률 등 비재무적 성과에도 탁월한 효과를 낼 수 있기 때문입니다.

단순히 인사 관련 부서에서 담당자가 열심히 준비한 전사 워크숍이나 캠페인을 하는 것만이 조직문화가 아닙니다. 여기서 말하는 조직문화는 채용-교육-평가 등 한 사람이 회사에 입사한 후 경험하는 모든 프로세스를 의미합니다. 영화 '아바타'에서 서로서로 연결되어 마음을 보듯이, 개인과 조직의 성장을 연결지어 그 조직만의 독특하고 따뜻한 조직문화체계를 정립해야 지금의 위기 상황을 극복할 수 있습니다.

최근 기존 세대와 신세대 간 갈등의 골이 심해지는 양상입니다.

제도적 측면에서도 주 52시간 도입, 워라밸 문화 정착, 비대면 회의 문화 등 변화에 기민한 대응이 조직 성과의 중요한 변수가 되었습니다. MZ세대 젊은 직원들은 급여 등 기본 복리후생 외에도 개인적인 '성장'과 '의미'를 느끼지 못하면 쉽게 움직이지 않습니다.

바야흐로 'MZ의 시대'가 도래하다

MZ는 밀레니얼 세대(1980년대 ~ 1990년대 초 출생)와 Z세대(1990년대 중후반 ~ 2010년대 초 출생)의 합성어입니다. 일부 예능 프로그램에서 개인주의 성향과 예의 없는 이미지로 소비되곤 합니다. 이런 고정관념 때문인지 우리 사회 곳곳에서는 신세대인 MZ와 기존 세대인 '꼰대'가 편을 나눠 전쟁이라도 하는 듯한 모습이 보입니다. 오프라인을 넘어 가상공간에서도 상대방을 향한 선 넘은 발언이 난무하고 있습니다.

하지만 중요한 것은 MZ세대가 우리 경제에서 중요한 생산자이자 소비자로서의 위상이 점점 높아지고 있다는 것입니다. 이것이 고객가치 경영을 위해 젊은 직원들의 참신한 아이디어가 기업 경영 전반에 녹아들어야 하는 이유입니다.

'직장이 곧 삶'이었던 기성세대와 달리 MZ세대에게 직장은 '재미'를 넘어 '성장'하기 위한 '자아실현의 무대'입니다. 현재의 일에서 성장과 의미를 느끼지 못한다면 주저하지 않고 회사를 떠날 준비를 하기 때문입니다.

개인적으로 어느덧 민간기업과 공공기관을 합쳐 직장 생활 24년 차가 되었습니다. 사람들과 부딪치는 곳이다 보니 그동안 참 많은 일이 있었습니다. 그래도 지금까지 월급을 꼬박꼬박 받으며 아이를 키우고, 대출금과 카드값을 갚을 수 있었던 것은 고마운 회사가 있었기 때문입니다.

돌이켜보면 조직 생활을 하면서 가장 즐거웠던 것도 가장 힘들었던 것도 결국 '사람' 때문이었습니다. 조직 내에서 힘든 프로젝트를 하며 하루 종일 골방에서 파워포인트 장표를 만들어도 상사의 "고생했다" 말 한마디에 그간의 고생이 눈 녹듯이 사라졌습니다. 반면 조직을 위해 몸과 마음을 바쳤지만, 조직에서 내가 부정당한다고 느낄 때 회사를 다니고 싶지 않을 정도의 자괴감도 있었습니다.

맞습니다. 결국 직장인은 '사람에 울고 사람에 웃는 사회적인 동물'입니다. 일은 힘들어도 사람만 맞으면 밤을 새워도 일할 수 있는 것이 직장인입니다. 개인적으로 좋아했던 '미생' 드라마의 마지막 엔딩 장면에서도 대기업을 떠나 중소기업에서 뭉친 팀원들은 누구보다 행복했습니다.

하지만 자세히 들여다보면 문제가 되는 '사람'의 앞단과 뒷단에는

'조직문화'가 있습니다. '귤이 회수를 건너면 탱자가 된다'라는 말이 있습니다. 회수 남쪽의 귤을 회수 북쪽에 옮겨 심으면 탱자가 되듯이 사람 또한 자란 환경에 따라서 선해지기도 하고 악해지기도 합니다. 콩을 심으면 콩이 나오고, 팥을 심으면 팥이 나오는 구조와 같을 것입니다.

좋은 토양을 가진 조직문화를 만들려면 시간과 노력이 많이 필요하지만, 안 좋은 조직문화는 금방 사람들을 물들입니다. 썩은 사과가 있으면 과일 상자 안의 다른 과일도 다 썩게 되는 이치입니다. 조직문화가 특히 중요한 이유는, 무엇보다 회사의 목숨줄과도 같은 '성과'에 영향을 미치기 때문입니다. 하버드대 존 코터 교수는 연구를 통해 조직문화가 충만한 기업은 그렇지 않은 기업 대비 매출 성장률이 4배, 주가 성장률이 12배, 수익 성장률이 7.5배 높다는 결과를 도출해냈습니다.

문화는
전략을 아침 식사로
먹는다

이 말은 현대 경영학의 아버지 피터 드러커의 말입니다(Culture eats strategy for breakfast). '전략'보다

'문화'가 중요하다는 의미입니다. 구성원의 의식에 대한 충분한 고민이 없으면 어떤 전략이든 실패할 가능성이 높기 때문입니다.

조직문화가 왜 중요한지 말하자면 입이 열 개라도 부족합니다. 기업은 이윤을 통해 사회적 가치를 이루고 초일류 기업은 그들만의 초일류 문화가 있습니다. 초일류 문화는 하루아침에 만들어지는 것이 아니며, 최고가 되기 위해 오랜 기간 부단한 혁신을 거쳐 만들어진 것입니다. 우리가 흔히 이야기하는 '삼성 스타일', '현대 스타일', '구글 스타일'을 봐도 초창기 창업주로부터 시작한 경영 철학이 수십 년을 이어져 땀과 노력으로 만들어진 조직문화입니다.

저는 운이 좋아 이렇게도 중요한 조직문화 관련 업무를 오랜 기간 수행해왔고, 최근에는 조직문화TF팀을 총괄한 적도 있습니다. 다양한 사내 행사와 직원들의 의견을 수렴하면서 『나는 천국으로 출근한다』라는 유명한 책의 이름처럼 정말 멋지고 신명 나는 조직을 만들고 싶었습니다.

하지만 절대 쉽지 않다는 생각이 업무를 진행하면서 더 커졌습니다. 사람들의 생각이 다 다르고, 조직의 크기와 업종에 따라 고유한 문화가 다르고, 내외부 환경에 쉽게 흔들리기도 합니다. 더욱이 조직문화란 눈에 보이지도 않고 추상적인 것이기에 이것을 만들어가는 과정이 쉽지 않았습니다. 모두를 만족시킬 수는 없으며, 70점만 받아도 준수하다고 주변 사람들이 이야기해주었습니다.

그 와중에 저는 조직문화의 해결책을 찾기 위해 관련 서적을 많이 연구했습니다. 하지만 일반 리더십 책에 비해 조직문화를 정의 내리는 책은 많지 않았고, 있어도 해외 번역서여서 한국의 고유한 조직문화를 담아내기에는 한계가 있었습니다. 그래서 그동안 직·간접적으로 경험한 조직문화를 토대로 책을 쓰기로 마음먹었습니다.

김춘수 시인의 「꽃」에 이런 시구가 있습니다.

'내가 그의 이름을 불러주었을때
그는 나에게 와서
꽃이 되었다'

본질을 인식하기 전 무의미한 존재였던 '그'는 명명에 의해 의미와 존재 '꽃'으로 인정 받았습니다. 이는 우리 직장인의 소망을 나타내는 듯 합니다.

오늘도 꽃이 되고 싶지만, 사람에게 상처받고 조직문화에 실망한 나머지 내적 갈등과 함께 사표를 만지작거리는 누군가가 있을 것입니다. 신구세대를 떠나 오늘도 '존버'하는 대한민국 모든 직장인에게 존경심과 함께 이 책을 바칩니다.

P.S 이 책이 세상에 나올 수 있게 물심양면으로 도와주신 리커리어북스 출판사 한현정 대표님과 담당 편집자분께 감사드립니다. 또

한 책을 쓰는 오랜 기간 묵묵히 지켜보며 응원해준 세상에 하나밖에 없는 소중한 딸 시현이와 사랑하는 아내에게도 특별히 감사함을 전합니다.

2024년 가을의 어느날

김태윤

PART 5

할많하않(?) 신구세대의 절규
― 소통 편 ―

PART 6

나이 든 사람이 아니라 배우지 않는 사람이 꼰대
― 학습 편 ―

PART 1

경영의 '판'이
바뀌고 있다

변화 편

미니멀 리더십의 시대가 온다

최소 권력으로
최대 성과 내는
미니멀 리더십

　　　　　　　　　　직장 생활을 하다 보면 확실히
신입 직원들의 스펙이 점점 우수해지고 있습니다. 또래 "동료들끼리
우리가 지금 입사한다면 과연 입사할 수 있을까?" 하며 겁을 먹기도
합니다.

　그도 그럴 것이, 물론 더 높은 수준을 요구하는 기업도 많았지만
일반적으로 우리 때에는 3점대의 학점과 토익 700점 이상이면 서류
전형 정도는 통과할 수 있는 시대였습니다. 20여 년 전 그다지 높지
않은 어학 성적으로 취업 면접을 갔을 때 진행요원 선배가 우리 때

는 토익점수도 없이 학점 하나로 들어왔다고 했던 기억이 납니다.

하지만 최근에 입사한 MZ 직원들은 '취업 8종 세트'라 불리는 '학벌, 학점, 토익점수, 어학연수, 자격증, 봉사활동, 인턴 경험, 수상 경력' 등으로 중무장한 세대입니다. 스펙 쌓기 스터디를 통해 입사에 성공한 그들의 노력은 일단 인정해주어야 한다고 생각합니다. 그런 면에서 그들은 열정이 없는 것이 아닙니다. 자신의 관심 분야에는 큰 흥미를 느낍니다.

우리 세대의 경우 최소 2~3명 이상의 형제자매가 있었지만 젊은 직원일수록 외동이거나 많아야 두 명 정도의 형제자매 사이에서 자라다 보니 부모님의 사랑을 듬뿍 받은 직원들도 많아서 한편 부럽기도 합니다. 이런 직원일수록 보통 자존감이 높습니다. 조직 차원에서 최소한의 간섭으로 미니멀하게 다이어트가 필요하며, 그들 스스로 백지 위에서 마음껏 그림을 그릴 수 있도록 장을 열어주어야 합니다.

특히 일과 후에 운동이나 자기 계발에 적극적인 친구들이 많습니다. 그런 의미에서 젊은 직원들이 요즘 원하는 리더상은 '칼퇴'를 시켜줄 수 있는 상사를 원합니다. 여기서 '칼퇴'에는 크게 두 가지 중요한 뜻이 있다고 생각합니다.

첫째, 문제 해결력을 통해 탁월한 성과를 창출해야 합니다. 성과 없는 조직은 존재 이유가 없습니다. 워라밸 시대에는 '칼퇴'를 시켜주기 위해서 해당 부서 단위로 전사 기여도를 높여야 합니다. 매출이든 특정 서비스든 고객 만족 지수든, KPI, OKR 등 정량적 목표를 달성해야 부서원들에게 정당한 혜택이 돌아가게 됩니다. 이를 위해 제한된 리소스로 최대의 성과를 내는 리더의 업무 전문성이 그 어느 때보다 중요해졌습니다.

그런 의미에서 리더에게 배울 게 있다고 느낄 때 MZ 직원들은 적극적으로 변합니다. 이미 그들은 손안의 핸드폰에서 TED, 세바시 강연 등 실시간 강연을 통해 그 어느 때보다 좋은 리더에 대한 이해도와 기대치가 높아진 상태입니다. 과거처럼 관리자들이 정보를 독점하고, 감에 의해 조직을 운영하다 보면 젊은 직원들의 반발을 불러일으킬 것입니다.

이를 위해 뻔한 잔소리보다 자신의 성장에 도움이 되는 지식을 임팩트 있게 전달할 때 직원들은 관리자를 '상사'가 아니라 '멘토'나 '코치'로 따르게 됩니다. 이를 위해 리더라면 조직의 비전과 부서의 비전, 개인의 비전을 연결하는 인사이트를 통해 여러 가지 대안을 제시할 수 있어야 합니다.

둘째, 직원들에게 권한 위임을 잘해야 합니다. 리더가 조직을 혼자 끌고 가면 그 일의 주인 자리에는 상사 혼자 덩그러니 남게 됩니다. 직원들의 업무 이해력을 충분히 높이고 권한을 부여하되 리더는 선택과 집중을 통해 더 부가가치 높은 업무에 매달려야 합니다.

불편한 진실이지만 급여는 과장, 차장, 부장 월급을 받으면서 업무는 주임, 대리처럼 일하는 마이크로 매니저(micro manager)를 주변에서 종종 보곤 합니다. 팀원과 함께 어떤 업무를 진행하면서 세부

사항까지 완벽하게 통제하려는 관리자는 쓸데없는 부분에 대해 피드백을 늘어놓거나 지나치게 짧은 시간 단위로 진행 상황을 확인하는 경우가 많습니다.

관리자의
자세

직급이 올라갈수록 나무보다는 숲을 보며 다리는 현장에 닿아 있되, 시선은 먼 미래를 내다볼 수 있어야 합니다. 부서원과 리더의 R&R을 명확하게 인지하고 회사 성장에 이바지할 때 비로소 월급 값을 하게 되기 때문입니다.

특히 MZ 직원들은 일에 대한 즐거움과 성장에 관심이 많아서, 자신이 주도적으로 할 수 있는 자율성 여부에 따라 일을 대하는 자세도 달라집니다. 다만 원앤원 미팅을 수시로 해서 부서원들의 재능을 발견하고 업무 분장 시 특성을 잘 파악하여 최대의 성과를 낼 수 있도록 배려해야 합니다.

요즘 젊은 직원들은 업무 분장에 관심이 많습니다. 과거에는 상부에서 내린 지시라고 하면 되었지만, 지금은 새로운 업무가 왜 왔는지 그리고 이 일이 당신의 성장에 어떤 기여를 하는지 그에 대한 수혜는 어떤 게 있는지 짧고 명쾌하게 설명해야 하는 시대입니다.

미니멀 리더십의 상징으로는 모바일 게임 '클래시 오브 클랜'으로 유명한 슈퍼셀의 공동 창업자이자 최고경영자(CEO)인 일카 파나넨이 있습니다. 그는 창업 이후 줄곧 "내 목표는 세계에서 가장 권력이 적은 CEO가 되는 것"이라고 말했습니다. 그는 재능 있는 직원을 영입하고 담대한 목표를 제시한 후 어떤 제품을 만들지 스스로 결정하도록 배려했습니다. 이런 믿음 때문에 슈퍼셀은 2010년 회사 설립 이후 10년 동안 20억 달러(약 2조 6,800억 원) 규모의 회사로 성장했습니다. 슈퍼셀은 일방적 카리스마로 지시하는 것이 아니라 모든 직원이 최선을 다할 수 있도록 지원하는 '서비스 지향적 리더십'을 실천한 것입니다.

이런 미니멀리즘 리더십을 위해 경영진은 명확한 비전을 수립하고 직원들이 CEO처럼 생각하게 했습니다. 보통의 리더들은 내가 가장 잘 알고 있다고 착각하는 경우가 많습니다. 하지만 보통의 문제들은 그 문제와 가장 가까운 사람이 답을 가지고 있습니다. 이런 결정을 리더들이 독점하면 직원들이 학습하고 성장할 기회를 가로채는 것과 같습니다.

또한 슈퍼셀은 실험적 실패를 한 직원들에게는 무한 신뢰를 보냈습니다. 요즘 세상에 불변의 정답은 없으며 어제의 정답이 오늘은 아닐 수 있습니다. AI 시대에 접어든 후 끊임없는 변화의 소용돌이 속에 있으며 과거의 성공 경험이 실패로 귀결되는 경우도 많습니다. '내가 예전에 해봐서 아는데', '라떼는 말이야' 식의 접근은 조직을 더 큰 위기로 몰아갈 수 있습니다. 내 생각이 정답이라는 편견은 공동체를 해치기 쉽습니다. 다른 사람의 존재와 의견을 수용하는 겸손한 자세가 필요합니다.

그런 면에서 리더의 경청하는 자세는 마음을 여는 열쇠가 됩니다. 스몰토크 등으로 자연스러운 분위기가 형성되면 평소 주저하던 의견도 말하게 됩니다. 조직 내에서 존중감을 느끼면 자신감과 함께 창의성을 발현할 수 있게 됩니다. 결국 그 성과는 온전히 조직에게 돌아옵니다.

우리는 상대가 내 말을 듣고 있는지, 듣는 척하는지 금방 알 수 있습니다. 눈을 보면 압니다. '청(聽)' 자에 열 개의 눈이 들어간 이유입니다. 인공지능(AI) 시대 로봇의 마음은 얻을 수 없지만 수시로 변하는 사람 마음은 얻을 수 있습니다. 그런 의미에서 2015년 서울에서 열린 한 콘퍼런스에서 마윈 중국 알리바바그룹 창업자는 이런 의미 있는 말을 했습니다.

> "기술이 뛰어난 경쟁자는 두렵지 않다. 하지만 고객의 요구를
> 경청하는 기업은 두렵다."

내 말수는 줄이고 직원과 고객에게 귀를 여는 미니멀한 경영이 오늘날 중요한 이유입니다.

조용한 사직 vs 조용한 해고

"나는 지금 조용한 사직(quiet quitting) 중이다. 실제로 일을 그만두는 것은 아니다. 다만 주어진 일 이상의 노동과 열정을 바라는 허슬(hustle) 문화를 그만두는 것이다."

몇 년 전 미국에 사는 20대 엔지니어가 만든 17초짜리 틱톡 영상이 전 세계적으로 파장을 일으켰습니다. 업무 시간 내 주어진 최소한의 일만 하겠다는 '조용한 사직'은 조직에 대한 희생을 강요해온 기존 직장문화에 큰 반향을 불러일으켰습니다. 조용한 사직이란, 사표를 내지는 않지만 내 일만 하면서 승진도, 평판도 신경 쓰지 않는 '자발적 아웃사이더'를 의미합니다.

반대로 '조용한 해고'는 미국 IT 기업을 중심으로 진행되었던 사회현상입니다. 코로나 이후 불경기로 인해 인건비 부담을 경감하고

자 조용히 직원을 내보내는 방법을 뜻합니다.

사실 조용한 사직이든 해고든 과거 우리에게도 있었던 일입니다. IMF나 미국발 금융위기 때 외에도 '만년 과장'이라는 이야기도 있었고, 기업은 생존을 위해 수시로 구조조정을 해왔습니다.

조용한 사직은 '초개인화 시대'와 맞물려 조직 내 부정적 문화로 확산될 수 있어 경계해야 합니다. 혹자는 "월급 받는 만큼 일하겠다는데 문제될 게 있어?"라고 반문할 수도 있습니다. 하지만 조직은 생물이기에 연초 목표가 수시로 바뀌고 개인의 업무 범위도 무 자르듯이 정확히 구분하기 힘듭니다. 누군가는 수동적 업무 형태의 피해자가 될 수 있습니다.

또 다른 문제는 전염성이 심각하기 때문입니다. 성실히 일하는 동료들이 상대적 박탈감을 느낄 수 있습니다. 오피스 빌런처럼 눈에 띄는 게 아니라 느슨히 일을 하게 됩니다. 적반하장 격으로 "무슨 부귀영화를 누리겠다고 왜들 저렇게까지 일하냐"라는 반응은 조직의 전체 에너지를 갉아먹습니다.

워라밸 시대, 주 52일 근무로 인해 절대적인 근무 시간이 줄었습니다. 하지만 새로운 제도가 생긴 것이지, 기존 업무가 현저하게 줄어든 건 아닙니다. 절대량이 그대로인데 이런 직원들이 많아진다면 업무 공백이 생길 것은 뻔합니다.

그리고 최소한의 일만 하겠다는 소극적 마인드는 종국에 다른 사람들도 다 알게 됩니다. 조직 관리 차원에서 퇴사한 직원보다 훨씬 머리가 아프게 됩니다. 장기적으로 더 큰 내상을 입힐 수 있습니다.

또한 이런 자세는 일과 삶의 이분법적인 구분, 즉 '일'이라는 것에 대한 부정적인 시각을 확산시킵니다. 100세 시대, 자신의 성장을 부정하는 삶이 행복한 삶으로 이어질까요? 그런 마인드를 가진 사람이 가정에서는 과연 충실할 수 있을까요?

이런 문화 확산을 방지하기 위해 조직의 성과 관리 프로세스도 세심하게 재정립할 필요가 있습니다. 이는 MZ세대가 추구하는 공정성의 가치에도 부합할 수 있게 정비되어야 합니다. 조직 차원에서도 관행이란 이름으로 직원들을 옥죄며 '요즘 애들' 타령만 하면 조용한 퇴사를 넘어 진짜 퇴사 물결을 막을 수 없을 것입니다.

정말 퇴사를 막고 싶다면 젊은 직원들이 '이 회사에 다니고 싶다'라는 마음이 들 수 있게 해야 합니다. 또한 눈높이에 맞는 조직문화를 설계하는 것은 물론 '긍정적인 경험'을 높이기 위한 다양한 활동을 강화해 나가야 합니다. 하지만 대부분 기업의 접근 방식은 '위생 요인(hygiene factor)'에만 중점을 두고 있는 것이 현실입니다. 위생 요인이란 급여, 복리후생, 업무 환경 등 직원들의 불만 요인을 줄이기 위한 '최소한의 서비스'일 뿐입니다.

최근 젊은 직원들의 이직을 막기 위해 기업들이 원하는 인재상도 변하고 있습니다. 최근 대한상공회의소가 국내 매출액 상위 100대 기업의 인재상 분석 결과 '책임 의식'을 가장 중요한 가치로 꼽은 곳이 67곳으로 가장 많았습니다. 5년 전에는 44곳으로 5위였는데 최근에 급상승한 것입니다.

전반적 분위기가 '회사의 성장이 곧 나의 성장'이 아니라 '회사가 문을 닫아도 언제든 다른 곳에 갈 수 있도록 각종 스펙을 쌓는 건 필수'라는 생존 의식이 강화되고 있습니다. 반면 기성세대는 회사의 성장이 자신의 자랑인 것처럼 임원의 꿈을 꾸며 젊은 시절을 희생해온 것 또한 사실입니다.

하지만 지금은 아무리 개인 능력이 뛰어나도 고용 안정을 장담할 수 없습니다. 언론에서는 연일 국민연금 고갈 소식이 들려오고, 평생 월급으론 못 사는 집값이 우리를 불안하게 합니다. 출생아 수는 연일 세계 최저치를 스스로 갱신하고 있습니다. 기성세대인 저도 이렇게 불안한데 조직 차원에서도 이런 개인화 경향을 좀 더 깊이 들여다볼 필요가 있습니다.

만약 퇴사를 결심한 직원이 있다면 자신만의 말 못할 사연이 있을 것입니다. 이직과 전직이 흔해지고 평생직장이 사라졌다지만 정작 퇴사자가 발생하면 우리는 싸늘한 시선을 보이곤 합니다. 배신자로 낙인찍거나, 나중에 얼마나 잘되나 보자며 악담을 하는 경우도 흔히 볼 수 있습니다.

함께 일한 기간이 얼마이든 이런 모습은 근시안적인 태도입니다. 언제 어디서든 또 만날 수 있기 때문이 아닙니다. 정말 중요한 것은 퇴사 직원의 경험으로 조직이 배우고 깨우칠 기회를 스스로 차버리는 것이기 때문입니다.

천연자원이 풍부하지 않은 우리나라에서 인적자원은 성공의 핵심 자산입니다. 퇴사를 앞둔 직원과 '아름다운 이별'을 준비하며 깊이 있는 면담을 통해 우리의 문제점을 직시하고 조직 전반의 경쟁력을 높여나가야 합니다. 그런 의미에서 아카데미상을 수상한 윤여정 배우는 먹고살기 위해 단역도 보조출연도 마다하지 않으며 매 순간 열정을 쏟아부었습니다. 생계형 배우로 50년 넘게 장수할 수 있었던 비결은 직업인으로서의 성실함과 투철함, 그리고 배우로서의 소명 의식이었습니다. 그리고 결국 관객들도 진심을 담은 노령의 배우에게 마음의 문을 열었습니다. 이는 조용한 사직이 이슈가 된 우리 사회에 일을 바라보는 관점 면에서 큰 울림을 줍니다.

넥스트 제너레이션, ESG

1987년 UN세계환경개발위원회(WCED)에서 '지속 가능한 발전'이라는 표현이 처음 언급된 것이 ESG 역사의 시작이 되었습니다. 2004년 UN글로벌콤팩트(UNGC)에서 ESG라는 용어가 최초로 사용된 이후 기업들 사이에서 지속적으로 확산되었습니다. 국내에서는 코로나19 팬데믹 기간인 2021년을 기점으로 ESG의 중요성이 크게 부각되었습니다.

ESG란 환경(E), 사회(S), 지배구조(G)를 뜻하며, 장기적인 관점에서 친환경 및 사회적 책임경영과 투명경영을 통해 지속 가능한 발전을 추구하는 것을 의미합니다.

세계적으로도 ESG 경영은 지속 가능한 경영을 위해 선택이 아닌 필수요건이 된 지 오래되었습니다. 재직 중인 회사에서도 가장 핵심인 부서 이름에 ESG가 붙은 것이 벌써 몇 년 전의 일입니다.

팬데믹, 전쟁, 인플레이션 등으로 ESG 회의론이 부상하기도 했지만 위기 속에서도 ESG는 지속 성장했습니다. ESG 정보 공시가 의무화되는 세계적 흐름이 ESG 생태계 구축을 가속화하기도 했습니다.

글로벌 자산운용사와 기업들에게 ESG는 중요한 평가 항목입니다. ESG 경영 문화가 잘 정착된 기업이 위험 발생 시 재무적으로 빠른 회복탄력성(resilience)을 보였기 때문입니다. 이를 두고 전문가들은 ESG 중심의 '넥스트 자본주의'가 도래했다는 평가를 내놓기도 했습니다.

ESG 경영 확산은 표면적인 이미지 개선이나 위험 회피 수단이 아닙니다. 기업의 근본적인 가치와 역량을 강화하여 지속 가능성과 경쟁력을 높이는 핵심 요소입니다. 그런 의미에서 ESG는 기업의 조직문화 차원에서 내재화되어야 합니다. ESG 경영이란 '돈을 얼마나 벌 것인가?'에서 '돈을 어떻게 벌 것인가?'라는 근본적인 가치에 질문을 던지기 때문입니다.

'로마는 하루아침에 이뤄지지 않았다'는 말처럼 ESG 경영도 한 번에 이룰 수 없습니다. 직원들이 책임감을 가지고 업무 과정을 공개적이고 정직하게 수행하는 것, 이해 충돌을 피하는 것도 포함됩니다. 동료의 윤리적 행동에 대해 지지와 응원도 거버넌스 활동의 일부입니다.

특히 자본주의 관점에서 기업 이해관계자들의 기대 사항을 충족함으로써, 기업의 미래 가치(비재무 성과)를 높이는 순기능을 가져옵니다. 특히 기업과 개인을 떠나 성별, 세대, 직업, 직무 등에 대한 다양성을 인정하고 장애인, 아동, 노인 등 사회적 약자를 포용하는 사회적 책임 활동입니다.

최근 기업들은 대부분 MZ세대 이슈, 근로 시간 단축 문제, 직장 내 괴롭힘 예방 등의 숙제들을 가지고 있습니다. 이런 조직문화의 고민을 ESG 관점에서 거시적으로 바라보고 해결해나가야 합니다. 종국에는 기본이 탄탄한 '가치 중심의 일터문화'를 만들어야 합니다. 이를 위해 국제적인 노동인권 기준을 준수하고 기업의 핵심 가치를 정립해야 합니다. 또한 사회 환경적인 가치를 창출할 수 있도록 '일하는 방식'의 변화를 도모해야 합니다. 부가가치 없는 일을 제거하고, 혁신을 통해 ESG에 몰입하는 절대적 시간을 높이다 보면 근로 시간 단축 등 기업 생산성 저하 문제도 보완해나갈 수 있기 때문입니다.

평생직장을 넘어 평생직업이 중요한 시대입니다. 개인의 행복한 인생과 워라밸에 대한 젊은 직원들의 기대가 높기에 더 이상 '회사를 위해서 열심히 일하라'고 강요할 수 없습니다. 오히려 '개인의 행복을 위해 현재 직장에서 열심히 역량을 개발하고 성과를 창출하라'라고 하는 게 설득력이 있습니다.

윌리엄 매캐스킬 옥스퍼드대 교수의 저서 『우리는 미래를 가져다 쓰고 있다』에서 현재보다 미래를 더 많이 생각하는 도덕적 사고방식을 장기주의(longtermism)라고 말했습니다. 장기주의는 기후변화 등에 따른 문명 붕괴를 막고, 인류 번영을 지속하기 위해 미래에 긍정적 영향을 주는 방향으로 투자하는 것을 의미합니다.

그런 의미에서 청년 환경운동가 그레타 툰베리는 기후 위기를 대

수롭지 않게 여기는 기성세대를 향해 "어른이 아이의 미래를 빼앗고 있다"라며 날을 세웠습니다. 정책 결정권을 가진 기성세대는 기후 위기에 관심이 적지만, 10~20대에겐 생존과 직결되기 때문입니다. 기업 입장에서도 지구상에서 발생하는 극한 폭염·호우를 뉴노멀로 받아들이고 기후 대응을 시민의 의무로 되새기는 인식 전환이 절실합니다.

지구를
친구로

우리가 평소 친구를 사귀기 위한 중요한 요소는 무엇일까요? 무엇보다 서로에 대한 이해와 관심일 것입니다. 그리고 관찰을 통해 상대방의 생각과 감정을 공유하면서 더 깊은 유대감을 형성할 수 있습니다.

이런 관점에서, 회사가 추구하는 경영 이념 차원에서 '지구를 친구로' 여기며 환경 문제의 해결과 지속 가능한 사회에 대한 이해도를 높여나가야 합니다.

'돈쭐'의 미학

최근 어느 피자 가게에서 생활고를 겪는 고객에게 무료로 피자를 제공한 사실이 언론을 통해 알려졌습니다. 다음 날 그 가게에 피자 주문이 폭발적으로 증가했습니다. 미담에 감동한 네티즌들이 뜻을 모아 사장님께 '돈쭐(돈 + 혼쭐)'을 내준 것입니다.

특별한 보상을 기대한 것은 아니지만, 결론적으로 사장님께 큰 보상으로 돌아왔습니다. 소식을 전해 들은 소시민들의 기분까지 훈훈해졌습니다. 이와 비슷한 사례가 연일 들리곤 합니다. 이것이 '돈쭐의 미학'입니다. ESG를 잘 실행하는 기업과 개인에게도 '돈쭐의 미학'이 필요한 시대입니다.

우리가 지속 가능성에 초점을 맞추는 것은
환경론자이기 때문이 아니라
자본가이기 때문이다

이 말은 블랙록 최고경영자(CEO) 래리 핑크의 말입니다. 자본주의의 중심에서 ESG 시대를 살아가는 우리들이 깊게 고민해 보아야 할 것입니다.

교학상장(敎學相長)의 의미

敎: 가르칠 교
學: 배울 학
相: 서로 상
長: 길 장

교학상장(敎學相長)은 '가르치고 배우면서 함께 성장함'을 의미합니다. 중국 오경(五經: 시경, 서경, 주역, 예기, 춘추) 중 하나인 『예기(禮記)』의 「학기(學記)」 편에서 유래했습니다.

스승과 제자는 한쪽은 가르치고 한쪽은 배우기만 하는 일방적인 관계가 아니라, 스승은 제자를 가르치면서 성장하고, 제자 역시 배움으로써 나아진다는 뜻입니다. 해석상 어찌 보면 유대인 교육의 '하브루타' 대화법과 연결되기도 합니다.

예로부터 부족함을 걱정하는 사람은 겸손하고, 겸손한 사람은 발전합니다. 그래서 공자도 늘 "덕이 닦아지지 못함과 배운 것이 연마되지 않음을, 의로움을 듣고서도 의로운 쪽으로 옮겨가지 못함과 착하지 않음을 고치지 못하는 것 등이 다 내 걱정거리이다"라고 말하곤 했습니다. 공자와 같은 성인도 배움을 갈구했는데 우리 같은 소시민은 두말할 필요도 없을 것입니다.

역전의 시대가
도래하다

자식이 부모보다, 후배가 선배보다, 신입사원이 임원보다 더 똑똑한 세상이 되었습니다. 젊은 사람들의 지능(IQ)이 높아서가 아니라 새로운 문명의 사이클이 짧아졌기 때문입니다. 과거 농업혁명은 수천 년을, 산업혁명은 300여 년을 거쳤습니다. 정보화 사회는 30여 년을 거쳐왔고, 지금의 4차 산업혁명은 20년 정도 지속될 것으로 전문가들은 예상합니다.

인간 수명이 100세를 바라보고 있고 신문명 주기가 20여 년이니 내 의지와 상관없이 평생 몇 번은 대변혁기를 마주하게 됩니다. 이런 상황에서 새로운 기술에 대한 수용성이 낮으면 현대사회를 살아가기 힘듭니다. 지금은 노인이 청년에게 배워야 하는 시대입니다.

특히 우리 조직의 대부분을 차지하는 MZ세대는 ChatGPT 시대에 더 눈부신 활약을 하고 있습니다. MZ세대를 소수의견으로 치부한 조직은 쇠퇴의 길을 맞이하게 될 것입니다. 우수 인재들이 답답함을 못 이기고 조직을 떠나기 때문입니다. 반면 MZ세대에 맞는 조직문화를 유연하게 구축한 조직은 급성장하고 있습니다.

어느 친목 모임에서는 다양한 의견이 나오면 가장 젊은 사람에게 최종 결정을 맡긴다고 합니다. 놀라운 일은 젊은 사람이 의사 결정한 것이 종국에는 가장 좋았다고 합니다. 젊은이에게 발언권과 최종 의사 결정권을 주니 모임의 분위기도 밝아졌다고 합니다.

> 오늘날 조직을 이끌면서 우리는 각자 어떤 면에서 특정 분야에서는 권위자이지만 또 다른 특정 분야에서는 학생임을 깨닫는다. 또 우리는 부하직원들에게서 더 많은 것을 배울 준비를 해야 한다.
>
> - 존 실리 브라운(John Seely Brown), 미국 경영학자

요즘 이런 상황을 반영하듯 '리버스 멘토링'이 많아지고 있습니다. 저희 회사에서도 하고 있는 제도입니다. 멘토링은 원래 연장자가 신입사원을 지도하는 것이 통상적이었으나 이제는 나이 든 직원이 젊은 직원들에게 교육을 받게 된 것입니다. IT 기계나 AI 프로그램을 다루는 것은 기성세대보다 MZ세대가 훨씬 잘합니다. 나이와

관계없이 잘 아는 사람에게 기꺼이 손을 내밀 줄 알아야 합니다.

그런 의미에서 이탈리아 명품 브랜드 구찌는 리버스 멘토링 제도를 통해 매출을 크게 성장시켰습니다. 현재 구찌 매출의 절반가량을 35세 이하 소비자가 차지하고 있다고 합니다. 이에 **30세 이하 젊은 직원들로 구성된 '그림자 위원회'를 만들고 CEO와 함께 경영 회의 주요 안건 공유는 물론 신사업 아이디어를 발굴**했습니다. 이 아이디어 중 하나로서 경험을 중시하는 밀레니얼 세대를 겨냥한 '구찌와 함께하는 여행 앱'을 제작해 인기를 얻기도 했습니다. 구찌는 리버스 멘토링을 통해 새로운 트렌드를 리딩했습니다. 100년 전통을 지닌 기업이 젊은 층 마음을 사로잡으며 위기를 돌파한 것입니다.

IBM은 권위적인 경영 체제로 조직 내 갈등이 많았습니다. 이에 최고경영진은 밀레니얼 세대의 사고방식을 이해하고 조직문화를 혁신하기 위해 리버스 멘토링을 도입했습니다. 그 결과 최근까지도 젊은 세대와 소통하고 젊은 감각을 유지하게 되었습니다.

1999년 제너럴일렉트릭(GE) 회장이던 잭 웰치도 최고경영자 시절 리버스 멘토링을 통해 젊은 감각을 키운 바 있습니다. 영국 출장 중 막내 직원으로부터 인터넷의 중요성에 대한 설명을 들은 잭 웰치는 출장 복귀 후 500명의 임원들에게 후배에게 인터넷 사용법을 배우라고 지시했습니다. 물론 잭 웰치도 20대 직원의 멘티가 되었습니다. 이런 기민한 경영으로 제너럴 일렉트릭은 2000년에 최고의 시장 가치를 달성했고, 잭 웰치도 리버스 멘토링으로 성공한 기업가로 역사에 남게 되었습니다. 오프라인뿐만 아니라 최근에는 유튜브 등 온라인 플랫폼에 있는 인플루언서(influencer)들이 각자의 영역에서 디지털 스승 역할을 하고 있습니다.

불치하문(不恥下問)

불치하문은 아랫사람에게 묻는 것을 부끄럽게 여기지 않는다는 뜻으로, 논어에 나오는 말입니다. 배움에 늦은 나이는 없고 부끄러워할 필요도 없습니다.

공자는 삼인행필유아사(三人行必有我師), 즉 '세 사람이 길을 가면 반드시 나의 스승이 있다'라고 했습니다. 직장인으로서 우리는 나이에 상관없이 누군가의 스승이나 제자가 될 수 있습니다. 인생이라는 삶의 여정에서 각자의 성장 시간을 축적해왔기 때문입니다. 그러므로 우리는 직장내 지위고하에 상관없이 열정 가득한 젊은 스승을 찾아 나서야 하는 시대임을 잊지 말아야 할 것입니다.

디즈니랜드 CEO가 꿈꾸던 세상

월트 디즈니, 모든 사람의 꿈을 실현하다

세계에서 가장 유명한 콘텐츠 공룡이 있습니다. 월트 디즈니는 미키마우스에서 시작해 '어벤져스'의 마블, '토이 스토리'의 픽사, '스타워즈'의 루카스필름, '엑스맨'과 '아바타'를 제작한 21세기폭스까지 흡수하며 오랜 기간 세계 1위 콘텐츠 기업 자리를 유지해왔습니다.

월트 디즈니 컴퍼니가 지금처럼 세계에서 가장 존경받는 기업으로 성장할 수 있었던 것은 바로 창립자 월트 디즈니의 경영 철학이 있었기 때문입니다.

월트 디즈니는 언제나 꿈을 현실로 바꾸고자 노력했습니다. 꿈은 주관적이기 때문에 사실 구체적으로 표현하기 어려운 부분이 있습니다. 하지만 월트 디즈니는 자신의 꿈을 스토리로 바꾸어 우리들을 자신의 상상 속으로 초대했습니다. 월트 디즈니가 꿈을 스토리로 바꿀 때 사용한 기법이 바로 '스토리보드'입니다.

특히 월트 디즈니는 유연한 조직을 만들기 위해 '꿈 휴양소(Dream Retreat)'라 불리는 프로그램을 만들었습니다. 이 프로그램은 월트 디즈니의 4대 경영 원칙인 '꿈꾸고, 믿고, 도전하고, 실행하라'를 바탕으로 새로운 문화로의 밑거름이 되었습니다.

또한 월트 디즈니는 새로운 쇼를 개발할 때 현장의 캐스트 멤버를 참여시키면 완성도가 높아진다는 것을 오래전부터 알고 있었습니다. 그는 꿈 휴양소를 통해 직원들이 사흘 정도 회사에서 벗어나 변화를 위한 계획을 수립할 수 있는 장을 만들었습니다. 직원들은 프로그램을 통해 일상에서 벗어나 자유롭게 꿈을 표현하며 창의적인 아이디어를 발현했습니다.

월트 디즈니는 클래식 음악을 주제로 한 1940년도 고전 '판타지아'의 제목을 정하기 위해 직원 아이디어를 공모한 적이 있습니다. 2천 건이 넘는 아이디어가 접수되었고 마지막에 '판타지아'가 가장 많은 표를 얻었습니다.

그는 '리더들은 자신과 팀원들이 자유롭게 꿈꿀 수 있게 만들어야 한다'라고 믿었고, 이를 통해 조직문화 혁신의 원동력을 만들어냈습니다. 월트 디즈니의 유산은 오늘날에도 여전히 우리의 삶에 영향을 미치고 있습니다. 그는 애니메이션 산업에 혁명을 일으키고, 테마파크를 재창조했고, 우리에게 영원히 남을 마법 같은 세계를 가져다 주었습니다.

부모와 아이가 함께 즐길 수 있는 장소가 있어야 한다

월트 디즈니는 주말마다 어린 두 딸을 데리고 동물원과 유원지에 놀러 가곤 했습니다. 그러던 어느 날, 월트는 딸들이 놀이기구를 타고 있을 때 자신은 벤치에 앉아 땅콩을 먹으며 시간만 때운다는 것을 알았습니다.

그 후 어른과 아이가 함께 즐길 수 있는 장소를 만들어야겠다는 각오를 다졌습니다. 월트가 생각한 디즈니랜드가 완성되기까지는 15년이라는 오랜 시간이 걸렸지만, 1955년 마침내 미국 캘리포니아주에 디즈니랜드를 완성시켰습니다. 이를 통해 전 세계 부모와 아이들이 함께 웃을 수 있는 공간을 만들었습니다.

월트 디즈니는 1966년 폐암으로 인해 65세의 나이로 사망했습니다. 하지만 그의 유산은 오늘날에도 계속 살아 있습니다. 디즈니의 가장 중요한 유산은 아마도 그의 한계를 뛰어넘고 가능성을 믿으라는 그의 끊임없는 헌신일 것입니다. 그는 '꿈이 있다면 그것을 지켜라. 꿈에는 힘이 있다. 꿈을 좇다 보면 꿈이 자신을 이끌어줄 것이다'라고 말하곤 했습니다.

> 내가 바라는 것은 단 하나…, 모든 것이 생쥐 한 마리에서 시작되었다는 것을 잊지 않았으면 좋겠다.
>
> - 월트 디즈니

월트 디즈니의 유산은 엔터테인먼트 산업에 미치는 영향을 넘어 가치를 만들어내는 꿈의 마법사였습니다.

첫 번째로 디즈니 영화는 전통적으로 가족, 우정, 용기와 같은 미국적 가치를 강조했습니다. 이러한 메시지는 수세대에 걸쳐 미국인의 도덕적 나침반을 형성하는 데 도움이 되었습니다.

두 번째는 문화적 다양성입니다. 디즈니의 테마파크는 전 세계 다양한 문화를 전시하는 선구적인 역할을 했습니다. 그의 공원은 사람들이 다른 국가의 음식, 관습, 전통을 경험할 수 있도록 하여 문화적 이해를 촉진했습니다.

세 번째는 환경적 가치입니다. 디즈니는 자연 세계에 대해 열정적이었고 그의 영화와 테마파크에는 환경 보호에 대한 메시지가 자주 등장합니다.

마지막으로 교육적 가치입니다. 디즈니 영화와 테마파크는 젊은 이들에게 역사, 과학, 예술에 대한 교육적 기회를 제공합니다. 그의 공원은 교육적 전시물과 프로그램을 통해 학습을 재미있고 매력적인 것으로 만들었습니다.

디즈니 테마파크 연표

1955년 디즈니랜드 그랜드 오픈(미국 캘리포니아)

1966년 월트 디즈니 타계

1971년 월트 디즈니 월드 그랜드 오픈(미국 플로리다)

1983년 도쿄 디즈니랜드 그랜드 오픈(일본)

1992년 디즈니랜드 파리 그랜드 오픈(프랑스)

2001년 도쿄디즈니씨 그랜드 오픈(일본)

2005년 홍콩 디즈니랜드 그랜드 오픈(중국)

2016년 상하이 디즈니랜드 그랜드 오픈(중국)

구글 아리스토텔레스 프로젝트

    세계에서 가장 혁신적인 기업 중 하나인 구글에서 몇 년 전 흥미로운 프로젝트를 진행한 적이 있습니다. 리더십과 조직문화 관련 프로젝트였습니다. 이 프로젝트가 시작된 것은, 인사팀이 매년 성과평과 과정에서 성과를 내는 팀들이 매해 바뀌는 것이 아니라 거의 정해져 있고 특정 패턴이 있다는 것을 발견했기 때문입니다. 매년 좋은 성과를 내는 팀들의 공통점을 찾기 위해 180여 개의 팀을 인터뷰했습니다.

    이것이 그 유명한 '아리스토텔레스 프로젝트'입니다. '성공하는 팀은 무엇이 다른 걸까?'라는 질문의 답을 찾기 위한 과정이었습니다. 이를 위해 구글은 최고의 통계학자와 조직 심리학자, 사회학자, 엔지니어들을 불러들여 본격적인 연구를 시작했습니다.

    연구진은 구글의 각 팀마다 팀원들이 얼마나 친한지, 내성적인지

외향적인지, 성별 구성은 어떤지 등등 온갖 데이터를 모았습니다. '어떤 사람들이 모여야' 최고의 성과를 내는 팀이 되는지 답을 찾으려고 한 것입니다. 5년간의 힘든 연구와 조사 끝에 드디어 답을 찾았습니다. 이 프로젝트에서 발견한 고성과 팀의 5가지 특성에는 어떤 것들이 있었을까요?

첫째, 가장 중요한 공통점은 바로 심리적 안정감(psychological safety)이었습니다. 심리적 안정이란 팀원들이 자신의 생각을 자유롭게 이야기하고 때로는 일을 하다가 새로운 위험을 감수해도 좋다는 믿음입니다.

둘째, 팀원들이 맡은 바 역할과 업무를 주어진 시간 내에 달성하기 위해 최선을 다하며 구글이 설정한 높은 수준의 목표를 달성하기 위해 노력하고 있는가였습니다. 이는 한마디로 팀원들 서로에 대한 믿음(dependability)이었습니다.

셋째, 팀원들에게 자신의 역할이 무엇인지를 명확하게 알려주고 계획과 목표를 투명하게 공유했습니다. R & R(책임과 역할, Roles & Responsibilities)이 명확해서 책임 소재(accountability)가 높았습니다.

넷째, 팀원들은 자신이 하는 업무에 중요한 의미(meaning)를 부여하고 목적의식과 열정을 가지고 일했습니다. 업무를 단순히 '먹고 살기 위해서' 하는 것이 아니라 자아를 실현하는 과정이라는 생각을 가지고 있었습니다.

다섯째, 팀원들은 자신이 하는 업무가 팀 성과를 높이고 조직이 발전하는 데 중요한 역할을 한다(impact)는 믿음을 가지고 있었습니다.

결국 구글에서 발견한 고성과 팀이 가지고 있는 5가지 공통점은 바로 심리적 안정감, 서로에 대한 믿음, 명확한 책임 소재, 일의 의미 공유, 그리고 결과에 대한 영향력이었던 것입니다.

젊은 직원들에 대한 자율권과 소통에 대한 이야기는 이미 오래된 이야기입니다. 세대 갈등도 새삼스러운 일이 아닙니다. 기원전부터 자식에게 철 좀 들라며 훈계한 내용이 전해지고, 대철학자 소크라테스도 "요즘 젊은이들이 아무 데서나 먹을 것을 씹고 다닌다"라며 개탄했습니다.

그런데 건강한 갈등이 있으면 해결하기 위한 시도도 있기 마련입니다. 아무것도 하지 않으면 아무 일도 일어나지 않는 이치일 것입니다. 특히 각양각색의 사람과 세대가 모인 조직에서는 갈등이 최소화되어야 생산성이 올라가고 더 창의적인 집단이 될 수 있습니다.

글로벌 기업 구글에서 '아리스토텔레스 프로젝트'를 통해 밝혀낸 것처럼, 심리적 안정감을 주는 리더가 이끄는 팀이 최고의 성과와 낮은 이직률을 보인다는 것은 많은 메시지를 준다고 생각합니다.

직원들이 완벽하지 않더라도 자유롭게 의견을 낼 수 있도록 리더가 보호막이 되어주는 팀이 가장 큰 성과를 낸다는 것은 리더가 팔로워와 어떤 관계를 설정해야 하는지 알 수 있게 해줍니다. 사실 누구든 자기 생각과 욕구를 표현하고 싶지만 비난받거나 무시당할 것에 대한 두려움으로 주저하게 됩니다. 그런데 젊은 세대는 구세대와 달리 인터넷과 디지털의 여러 수단을 통해 자기를 표현하는 것에 익숙합니다. 그런 그들이 '꼰대'니 '라떼'니 말하는 것은 선배들의 의견이 무조건 틀렸다는 이야기가 아니라 무엇이든 자신들이 잘 안다는 선배들의 고정관념에 입을 다무는 것입니다.

워라밸, 복지, 급여는 직장 생활에서 민감하고 중요한 부분이지만 소수의 잘나가는 기업을 제외하면 직원 모두가 만족하는 회사를 만들기는 쉽지 않습니다. 회사로선 엄청난 자원을 들여 금전적, 비금전적 투자를 해야 합니다.

그러나 조직문화 차원에서 젊은 직원들의 의견을 존중하는 것은 돈 없이 조직 만족도를 높이는 합리적인 방법입니다. 이것이 조직 내경청의 문화가 중요한 이유입니다. 보석 같은 아이디어를 품고도 심리적 안전감을 느끼지 못해 말하지 못하는 젊은 친구들이 회사에 많을 것입니다.

젊은 세대가 숨긴 보석 같은 생각을 잘 환류시키는 조직은 갈등을 해결하고 새로운 기회를 잡을 수 있습니다. "앞으로 회의에서 좋은 의견, 틀린 의견은 없다"라는 열린 자세로 먼저 젊은 직원들에게 다가가는 리더들이 조직 내에 더 많아져야 합니다.

그런 의미에서 조직 내 의사 전달은 쉽고 명확해야 합니다. 서로 진심으로 도울 준비가 돼 있어야 합니다. 도전을 환영하며 수시로 비전을 공유해야 합니다. 뛰어난 개인들이 모인 팀보다 심리적 안정감이 높은 팀이 더 나은 성과를 낸다는 통계 자료는 MZ세대와의 소통 문제가 많은 조직에서 유의미하게 다가옵니다.

'전체는 부분의 합보다 크다.' 아리스토텔레스의 명언입니다. 구글이 성공하는 팀의 비결을 분석하는 연구 프로젝트를 왜 아리스토텔레스 프로젝트라고 명명했는지 분명하게 알 수 있을 것입니다.

PART 2

가슴 뛰는
비전이 있는가?

비전 편

우리의 고객은 점점 스마트해지고 있다

시장(市場)은
승자의
기록이다

　　　　　　현대인은 오늘도 수많은 상품
과 서비스에 둘러싸여 살고 있습니다. 우리가 소비하고 있는 상품과
서비스는 수많은 기업의 수많은 도전과 실패 그리고 스토리를 통해
우리에게 남아 있습니다. 물론 우리도 자신이 속한 기업을 통해 권
력과 성공을 추구하곤 합니다.

　저는 개인적으로 직장 생활을 하며 변하지 않는 진리는 하나뿐이
라고 생각합니다. 그건 바로 '우리 고객이 점점 스마트해지고 있다'라
는 것입니다. 20여 년 전 신입사원 시절, 선배들은 본인들의 입사 초

기 때는 물건의 질이 중요한 게 아니라 어떤 물건이라도 빨리 만들기만 하면 대박이 났다고 회상하곤 했습니다. 그 시절은 마케팅이란 단어도 필요 없었다고 입을 모아 이야기합니다. 또한 제품이나 서비스에 불만이 있어도 따로 클레임을 제기할 방법이나 채널도 마땅히 없었습니다. 고객을 수익 위주로 바라봤고, 사후 서비스는 매우 부족했던 것이 사실입니다.

하지만 다 옛날이야기입니다. 이제는 초연결, 초개인화 사회에 얼마나 빨리 고객들의 수요를 빨리 맞춰나가느냐가 중요합니다. 10년이면 강산도 변한다고 했습니다. 하지만 요즘은 10년이 아니라 하루하루가 급변하는 시대입니다.

이런 가운데 매년 소비자 트렌드를 연구하고 발표하는 연구소에서 최근 키워드 중 가장 주목하고 있는 것이 '분초사회(分秒社會)'입니다. 현대사회를 살아가는 소비자는 자신의 1분 1초를 아끼게 되었습니다. 때로는 시간이 돈보다 중요한 자원이 되면서 '시간의 가성비'를 따진다는 것입니다.

단지 고객들이 바빠서가 아닙니다. 소유 경제에서 경험 경제로 이전하면서, 요즘 사람들은 1분 이내의 숏폼 등을 통해 재미있게 즐길 내용이 너무 많아졌습니다. 초 단위로 움직이는 현대 플랫폼 경제에서 시간의 밀도가 높아지며, 우리는 가속의 시대로 빠르게 진입하고 있습니다. 시간의 효율성 차원에서 시간 가성비를 뜻하는 '시성비'라는 신조어가 생겨났습니다.

그런 맥락에서 소비자의 니즈에 민첩하게 대응하기 위한 애자일(Agile) 경영이 화두가 된 지 오래입니다. 특히 잘나간다는 글로벌 IT 기업은 모두 애자일 방식을 받아들였습니다. 미국의 GAFAM(구글, 애플, 페이스북, 아마존, 마이크로소프트)이나 FAANG(페이스북, 애플, 아마존, 넷플릭스, 구글)과 같이 시가총액이 높은 글로벌 기업들은 물론입니다. 이들은 애자일 방식이 성공적인 경영 성과의 비결이라고 말하고 있습니다.

하지만 세상에 절대 진리는 없듯이 애자일도 모든 것을 해결할 수는 없습니다. 특정 조직의 업종과 문화상 기존 경영 방식이 맞을 수도 있기 때문입니다.

4차 산업 혁명 시대에서 엔데믹 코로나를 경험하며 변동성(Volatility)이 높고 불확실(Uncertainty)하며 복잡(Complexity)하고 애매해진(Ambiguity) VUCA 시대가 되었습니다. 애자일스럽게 기업을 변화시키려면 치밀한 전략과 강력한 리더십, 그리고 지속적인 조직문화 관리가 병행되어야 합니다.

우리가 유연하게 조직문화를 바꿔야 하는 이유는 사회문화적 측면에서 인구 감소에 따라 전체 시장이 축소되는 이유도 있습니다. 기술 발전으로 제품과 서비스 품질은 상향 평준화됐고 시장 경쟁은 더 치열해지고 있습니다. 이럴 때일수록 기업은 고객의 생각과 행동을 세심하게 살펴야 꾸준히 선택받을 수 있습니다.

디지털 전환(DX)은 코로나19 상황 속에서 폭발적 진화와 혁신을 이루었습니다. "마차를 아무리 연결해도 철도가 될 수 없다"라는 혁신가의 지적처럼 이제는 마차가 아닌 우주 관광의 시대를 살고 있기 때문입니다.

"원래 속도로 보면 속 터져요."
빨리빨리의 한국,
배속시청 유행

VOD(주문형비디오) 시청자 10명 중 4명은 '몇 배속' 모드로 영화나 드라마를 보는 것으로 드러났습니다. 물론 저도 유튜브를 포함해 동영상은 종종 2배속 등으로 시청하곤 합니다. VOD 주요 시청층인 MZ세대를 위주로 가성비 있는 콘텐츠 시청이 유행을 타면서 벌어진 현상입니다.

업계 전문가는 "콘텐츠 홍수 시대에 유행하는 콘텐츠들이 많아졌는데 이를 다 챙겨보기엔 시간이 부족한 상황"이라며 "원하는 장면만 콕 집어서 보려는 수요가 늘어나면서 배속시청이 증가한 것"이라고 설명했습니다.

게다가 비대면 커뮤니케이션 채널은 일상을 크게 변화시키고 있습니다. ChatGPT로 대표되는 생성형 AI는 생각하고 일하는 방식에 큰 변화를 주고 있습니다.

단순하고 반복적인 업무를 자동화하는 단계를 디지털 전환의 1단계라고 한다면 이는 디지털 기술을 활용해 기존 비즈니스 프로세스를 디지털화하는 것입니다. 특히 생성형 AI는 가장 많은 잠재력을 가지고 있어, 혁신적 기업의 사용 사례들이 잇따라 나올 것으로 기대됩니다.

현명한 고객에 대응하기 위해서는 무엇보다 유연한 사고가 필수적입니다. 변화를 피하지 말고 마주하는 마음가짐, 변화를 마주한 경험 속에서 학습하려는 마음가짐입니다.

누구도 예측할 수 없을 만큼 변화무쌍한 상황에서 안전지대에 머무르는 것은 퇴보를 의미합니다. 신속하게 경험하되, 작은 성공과 실패를 축적하며 사업 경쟁력과 고유 역량을 키워나가야 합니다.

익숙함이 사라지고 오래된 기준이 흔들리는 시대입니다. 무게 중심을 잡고 점점 스마트해지는 고객의 시대에 '애자일스러운 유연한 조직'만이 성공할 수 있을 것입니다.

액자에 걸린 비전은 쓰레기통에 버려라

　모든 회사의 중요 회의실에는 비전 하우스가 액자나 패널 형태로 걸려 있는 경우가 많습니다. 그런데 과연 대부분 직원도 그 비전, 미션, 핵심 가치 등을 숙지하고 있을까요? 제 경험으로는 그렇지 않은 경우가 많았습니다.

　보기 좋은 비전은 회사 소개 자료나 중요 보고서의 첫 장을 차지할 뿐, 정작 직원들에게 내재화되지는 않았기 때문입니다. 더 중요한 것은 조직의 비전뿐만 아니라 부서 단위의 비전이 있어야 한다고 생각합니다. 부서의 이름마다 존재의 의미와 그 정체성을 찾아 부서별로 가슴 뛰는 세부 비전이 있어야 합니다.

　저도 직장 생활 동안 비전 작업에 직간접적으로 참여했습니다. 보통 비전 수립 작업이나 경영혁신 등 대규모 프로젝트를 할 때 글로벌 컨설팅 그룹의 자문을 받곤 합니다. 하지만 외부에 의존한 프로젝트보다 젊은 직원들이 함께 참여해서 만든 비전이 가장 생생하면서 직원들에게 가슴에 오랜 기억으로 남았습니다. 결국 '업(業)'에 대한 체계적인 고민을 통해 탄생한, 조직의 정체성이 가미된 비전이야말로 액자를 초월한 진짜 비전이 되기 때문입니다.

영어 단어 'vision'의 라틴어 어원인 'videre'는 '보다'라는 뜻입니다. 문장이나 슬로건으로 표현된 것이 비전이 아니라, 그것을 가진 사람의 마음속에 그려지는 큰 그림입니다. 먼 길을 가는 사람들이 북극성을 보지 않고 막연히 걷기만 하다 보면 방향성을 잃고 위험한 상황을 맞이할 수 있습니다. 북극성처럼 우리 조직이 살아가는 데 꼭 중요한 것이 '비전'입니다.

미국의 유명한 경영 컨설턴트인 켄 블랜차드가 이런 말을 했습니다. "오늘날 미국의 기업 95%에 제대로 된 비전이 없다." 이 말대로 대부분의 조직은 직원들의 동기부여를 하지 못해 실패하고 말았습니다.

과거에 유명한 세계 최대 자동차 회사가 자동차의 배출가스 장치 오류를 알면서도 고객을 기만하다가 결국 배상액 등 25조 원에 달하는 천문학적 손해를 입었습니다.

반면 존슨 앤드 존슨 회사의 경우 1982년에 타이레놀 약병에 들어간 청산가리로 인해 고객이 사망했습니다. 경영진은 즉시 7천 5백만 달러(약 1,000억 원)를 들여 신속하게 제품을 리콜했습니다. 단기적으로 엄청난 손실이었지만, 위기를 타개하고 더 신뢰받는 글로벌 기업으로 발전할 수 있었습니다. 돈을 얼마나 많이 버는지보다 고객을 생각하는 명확한 비전 체계가 필요한 이유입니다.

경영 측면에서 목표와 비전은 조직이나 개인이 성공을 이루기 위해 필수적인 요소입니다. 목표는 단기적으로 도달하고자 하는 결과물이며, 비전은 장기적인 목표와 방향을 제시하는 것입니다.

그런 의미에서 오프라 윈프리가 좋아하는 미국의 서정시인 에밀리 디킨슨의 말은 눈여겨볼 만합니다.

나는 가능성 속에서 살아갑니다.
그것이 제가 삶을 사는 방식입니다.
저는 가능성 속에서 살려고 노력합니다.
그래서 앞으로 일어날 어떤 가능성도
받아들일 준비가 되어 있답니다.

오프라 윈프리의 삶의 과정에서 가능성과 비전은 북극성처럼 늘 그곳에서 빛났을 겁니다.

비전이란 추상적인 단어로 그치지 않고 철저하게 조직 내부에 체화(體化)시켜야 합니다. 제대로 된 비전이 없는 사람들은 머리로만 생각하고 몸으로 받아들이지 않습니다.

비전은 무엇이든 이루게 하는 동력입니다. 추진력을 갖고 일하게 만드는 동인입니다. 작은 바람결에도 흔들림 없이 신념과 가치관으로 자신의 길을 가는 조직입니다. 타인의 실수를 지적하기 전 자신을 돌아볼 줄 아는 개인들의 합집합입니다. 그들은 현실과 타협하지 않고 그들의 삶 속에서 적용하려 새로운 행동을 시작합니다.

그런 의미에서 진정한 비저너리란 결코 자기가 성취한 것을 소유하려고 하는 자가 아닙니다. 자신의 이익만 생각해 열매만 따 먹는 사람이 아닙니다. 혼자 달려가는 사람이 아니라, 함께 가자고 손을 내밀며 함께 사는 더 나은 미래를 추구합니다.

변하는 환경에 창의적으로 대응하는 길은 각자의 자리에서 셀프 리더가 되는 것입니다. 우리는 각자의 위치에서 내 삶의 리더이자 후배를 이끄는 리더이자 팀을 이끄는 리더이자 회사를 이끄는 각자의 리더입니다. 리더는 '미로 위에서 내려다보는 시각을 가진' 사람들입니다.

그런 의미에서 조직 내 중간 관리자의 역할이 점점 더 커지고 있습니다. 팔로워와 리더 사이에서 중재 역할을 하면서 비전을 개인 단위로 연결시키는 역할이 중요해졌기 때문입니다.

비전은 특히 리더십 분야에서 중요하게 다뤄집니다. 비전 리더십이란 지도자들이 미래를 읽고 전망을 제시하고 자발적으로 따르게 하는 것을 말합니다. 이와 관련해 많이 인용되는 구절이 있습니다. 바로 생텍쥐페리가 『어린 왕자』에서 한 말입니다.

당신이 배를 만들려면 벌목공을 불러 모아 나무를 베도록 하

고 목수를 시켜 일감을 나눠주는 식으로 하지 마라. 그 대신
사람들에게 저 넓고 끝없는 바다를 동경하게 하라.

『걸리버 여행기』를 쓴 조나단 스위프트도 이렇게 언급했습니다.

비전은 남들에게 안 보이는 것을 보는 기예이다.

이렇듯 명확하고 직원들의 가슴을 뛰게 만드는 비전이야말로 액
자 프레임에서 벗어나 불확실성의 세상에서 우리들의 소중한 등불
이 될 것입니다.

송파구에서 가장 일 잘하는 방법?

　　조직문화 관련 업무를 하면서 가장 많이 회자되는 기업이 있습니다. 바로 우리 국민에게 배달 앱으로 유명한 배달의 민족입니다. 처음에는 우아한형제들 김봉진 전 의장의 특이한 외모와 재미를 추구하는 경영 철학에 집중하게 되었고, 그 후에는 자연스럽게 젊은 사람들에게 인기를 얻게 된 '배민 문화'를 알게 되었습니다.

　　저는 개인적으로 음식 배달 시 배달의 민족 앱보다는 다른 앱을 많이 사용하지만 독특한 조직문화에 대해서는 항상 관심을 가지고 있었습니다. 특히 중간마다 나오는 우아한형제들 담당자들의 특강을 통해 배달의 민족의 조직문화를 많이 이해할 수 있었습니다. 특히 석촌호수가 바라다보이는 멋진 조망권 사무실과 다양한 직원 편의시설은 누구나 한 번쯤 근무하고 싶다고 느끼게 합니다.

우아한형제들

송파구에서
일을 더 잘하는
11가지 방법 <mark>몽촌토성역 편</mark>

1 ~~9시 1분은 9시가 아니다.~~ 12시 1분은 12시가 아니다.
2 실행은 수직적! 문화는 수평적~
3 잡담을 많이 나누는 것이 경쟁력이다.
4 쓰레기는 먼저 본 사람이 줍는다.
5 휴가나 퇴근시 눈치 주는 농담을 하지 않는다.
6 보고는 팩트에 기반한다.
7 일의 목적, 기간, 결과, 공유자를 고민하며 일한다.
8 책임은 실행한 사람이 아닌 결정한 사람이 진다.
9 가족에게 부끄러운 일은 하지 않는다.
10 모든 일의 궁극적인 목적은 '고객창출'과 '고객만족'이다.
11 이끌거나, 따르거나, 떠나거나 !

우아한형제들이 국내 기업들 사이에서 유명해진 것은 2015년에 만들어진 '송파구에서 일 잘하는 방법 11가지'라는 가이드라인이 한몫했습니다. 지금은 내용이 다소 수정된 것도 있습니다. 당시 대표를 맡고 있던 김봉진 전 의장은 조직이 점점 커지면서 회사가 추구하는 일하는 방식을 명문화시키게 됩니다. 물론 여러 논란도 있었지만, 모두에게 공감받을 수는 없다고 판단해 강행합니다. 어느덧 우아한

형제들은 2천 명 규모 회사로 성장했고, 배달의 민족은 매출과 영업이익 측면에서 국내 1위 배달 앱 플랫폼이 되었습니다.

한편으로 과거 코로나19로 위기 상황을 겪기도 했습니다. 하지만 위기 탈출의 선두에 피플실이 있었습니다. 피플실은 보통의 '인사팀'과 달리 직원을 단순 관리하는 조직이 아닙니다. 변화의 파도를 '접점', '소통', '제거', '전략', '존중'이라는 다섯 가지 키워드로 정하고 이상적인 일 문화를 만드는 데 집중했습니다.

그들이 지향한 '배민다움'은 '스타보다 팀워크'를, '진지함과 위트', '규율 위의 자율' 등 일하는 태도를 규정했습니다. '행복한 구성원이 좋은 서비스를 만든다'라는 경영 철학 아래 다정한 조직문화는 수많은 직장인의 관심을 받았습니다. '대퇴사 시대'에서 '조용한 사직'으로, 워라밸에서 워라블로 바뀌는 경영환경의 변화에도 흔들리지 않는 중심을 잡아나갔습니다. 피플실은 재택근무에서 외롭지 않도록 '잡담 프로그램', 'Welcome Ontact Woowa-world(WOW)'를 통해 한 시간 동안 서로에 대한 퀴즈 시간을 가지기도 했습니다.

좋은 회사가 무엇인지 스스로 정의하지 못하면 누군가에 의해 정의를 당할 수밖에 없습니다. 그들은 스스로를 '일하기 좋은 회사'로 정의하고 직원들의 고민을 장려하는 주식회사로 친근하게 다가갔습니다.

'자기다움'이라는
브랜드

배달의 민족 서체(배민체)를 만들고, '헐' 티셔츠 등 '배민 문방구'도 운영하며 친근한 기업 정체성을 만들어나갔습니다. '일을 더 잘하는 11가지 방법'은 젊은 직원들의 니즈를 경청하고 급변하는 경영환경에 기민하게 대응하기 위한 자율적 문화를 지향했습니다. 내용을 요약하면 다음과 같습니다.

(1) 9시 1분은 9시가 아니다.
- (지금은 '12시 1분은 12시가 아니다'로 변경) 규율 위에 세운 자율적인 문화를 추구하며 작은 약속이라도 지켜나갑니다.
(2) 실행은 수직적! 문화는 수평적~
- 수직적이든 수평적이든 한쪽으로 치우치지 않습니다. 일할 때는 목표 달성을 위해 일사불란하게 움직입니다.
(3) 잡담을 많이 나누는 것이 경쟁력이다.
- 잡담은 상호 신뢰를 만듭니다. 공동체의 유대감을 높이고 직원들의 마음 상태를 편안하게 합니다.
(4) 쓰레기는 먼저 본 사람이 줍는다.
- 회사(會社)는 또 하나의 사회(社會)입니다. 자신 고유의

업무를 넘어 함께 참여하고 봉사하고 헌신해 건강한 공동체를 만듭니다.

(5) 휴가나 퇴근 시 눈치 주는 농담을 하지 않는다.

— 생각 없이 던진 사소한 농담은 사기에 큰 영향을 미칩니다. 퇴근할 때 "요즘 일이 별로 없나 봐" 혹은 휴가 갈 때 "지금 시점에서 꼭 가야 해? 눈치껏 하자" 같은 말은 절대 삼가합니다.

(6) 보고는 팩트에 기반한다.

— 사실관계에 기반을 둔 정보만이 올바른 의사 결정에 도움이 됩니다. 선입견이 없도록 팩트로 보고한 뒤, 개인 견해를 밝히고 덧붙여 이야기합니다.

(7) 일의 목적, 기간, 결과, 공유자를 고민하며 일한다.

— 일을 시작할 때는 그 일의 목적을 생각합니다. 일하는 중간중간에도 그 목적을 상기하고 완료 시점을 고려하여 시간을 효율적으로 활용합니다.

(8) 책임은 실행한 사람이 아닌 결정한 사람이 진다.

— 일이라는 것이 기본적으로 실패할 확률이 높습니다. 우리는 실패를 통해 계속 배워나갑니다. 결정한 사람은 실행자의 성공을 위해 관심과 배려를 주고, 실패한 경우 용기를 잃지 않도록 동료를 격려합니다.

(9) 가족에게 부끄러운 일은 하지 않는다.

─ 회사의 구성원이기 이전에 성숙한 시민입니다. 법규를
　　　준수하고 도덕적인 가치를 중요하게 생각합니다. 설명
　　　할 수 없는 일은 하지 않으며, 가족에게 떳떳할 수 있도
　　　록 행동합니다. 도덕성을 희생하며 성과를 얻는 것보다
　　　손해를 보는 게 낫습니다.

(10) 모든 일의 궁극적인 목적은 '고객창출'과 '고객만족'이다.

　　─ 고객 없이 회사는 존재할 수 없습니다. 모든 의사 결정
　　　은 고객을 중심으로 접근합니다. 정치적인 상황을 고려
　　　해 타협하는 것은 안 됩니다. 회사의 목적은 '이익창출'
　　　이 아닌 '고객창출'이며 이를 우선한 결정을 통해 지속
　　　가능한 성장을 도모합니다.

(11) 이끌거나, 따르거나, 떠나거나!

　　─ 리더십도 중요하지만 팔로우십도 중요합니다. 오류
　　　가 없는 결정은 있을 수 없으며, 잘못된 결정에 따른
　　　실행도 처음부터 실행하지 않는 것보다는 낫습니다.
　　　토론을 통해 계획을 지속적으로 수정합니다. 팔로워들
　　　은 개인의 편의와 이익이 아닌 프로젝트의 성공, 고객
　　　의 이익을 중심으로 의견 개진을 합니다. 건전한 비판
　　　과 토론이 아닌 냉소와 방관으로 일관하는 자신의 모
　　　습이 보인다면 조직 구성원을 위해 회사를 떠날 때입니
　　　다.

위 11가지는 송파구에서 근무하지도 않고 우아한형제들과 같은 플랫폼업에 종사하지도 않는 우리에게도 시사하는 바가 크다고 생각합니다. 독특한 조직문화를 통해 일하는 방법을 지속해서 혁신하고 있는 그들을 보며 내가 속한 조직에 적용 가능한 시사점을 고민해 보는 것도 의미가 있을 것입니다.

업(業)의 정의를 다시 내려라

직장 생활을 하다 보면 다가올 미래에 대한 경영 계획을 세우곤 합니다. 그럴 때마다 저는 항상 업(業)의 본질, 업(業)의 정의를 내리는 것부터 시작해야 한다고 생각합니다. 작년에 내가 속한 조직의 주변 생태계가 달라졌던 부분을 업데이트해야 합니다.

하지만 대부분 조직이나 개인은 자신들이 근무하고 있는 조직의 업에 대해 진지하게 고민을 하지 않습니다. '목구멍이 포도청'이라 자신이 맡은 업무에 집중할 뿐입니다. 하지만 자신이 속한 조직의 업에 대해 진지하게 고민하지 않고 피상적으로 업무에 임하면 발전이 없습니다. 내가 속한 조직이 민간영역의 업인지 공공영역의 업인지, 제조업인지 유통업인지, 어떤 업인지에 따라 고객도 달라지고 그에 따른 조직문화도 달라지기 때문입니다. 이렇게 중요한 '업의 본질'은 특정 비즈니스로 돈을 벌 수 있는 차별점입니다. 비즈니스를 유지하고 성장시키기 위한 모든 활동을 의미하기 때문입니다.

　업의 본질에 관한 이야기는 삼성 이건희 전 회장의 일화로 유명합니다. 이건희 회장이 당시 호텔을 맡고 있던 사장을 불러들여 업의 본질을 물었다고 합니다. 호텔 사장은 당시 서비스업이라고 답했다고 합니다. 이에 이 회장은 다시 생각해보라고 돌려보냅니다. 그후 깊이 있는 조사와 연구를 거쳐 다음 미팅에서 '호텔업의 본질은 부동산'이라고 답했다고 합니다. 전 회장은 흡족해하며 그 본질에 맞게 사업 전략을 다시 추진하라고 지시하게 됩니다.

　그런데 이제는 과거에 정의한 업이 유효하지 않은 경우가 많습니다. 과거에는 업의 본질은 변하지 않는 산업의 특성으로 여겼습니다. 하지만 젊은 층 위주로 최근 많이 사용하는 에어비앤비 사례에서 볼 수 있듯이 업의 본질도 비즈니스 컨셉에 따라 달라집니다. 에어비앤비와 같은 플랫폼 비즈니스를 시작하려면 기존 호텔 방식이라고 해도 업을 다시 고민해야 합니다.

　무엇보다 이 시대에 맞는 업의 개념을 잡기 위해서는 고객 중심으로 사고하고 내외부 환경이 변하는지 수시로 살펴봐야 합니다. 그런 의미에서 시장의 예측과 다르게 강력한 시장 지배자 아마존이 있음에도 코스트코는 매년 성장하고 있습니다. 오프라인 쇼핑몰의 성장 한계론을 극복할 수 있었던 점은 한마디로 본질인 '유통업'에 집중했기 때문입니다.

　코스트코는 연회비를 내고 제휴카드로만 결제할 수 있게 하면서 최저 가격을 유지했습니다. 대신 양질의 서비스로 고객 신뢰도를 높였고 직원들의 최저 임금도 인상했습니다. 직원들은 낮은 이직률로 보답했고, 최상의 서비스 제공을 위해 노력했습니다.

이렇듯 경영 방식과 문화에는 정형화된 모범 답안이 없습니다. 지속적인 실험을 통해 고쳐나가야 합니다. 계속 학습하는 유연한 조직문화를 가진 기업만 성공 확률을 높일 수 있는 이유이기도 합니다.

많은 것이 인공지능(AI)으로 대체되고 있습니다. 우리는 이미 만들어진 정형화된 공식에 의존하기보다 가변적인 상황을 즐길 수 있어야 합니다.

조직과 개인은 마음만 먹으면 얼마든지 주체적으로 살아갈 수 있습니다. 영화 '듄2'의 폴 아트레이데스가 불확실한 위기 상황에서 모래 벌레 위에 비로소 올라탑니다. 벌레와 함께 멋진 모래바람을 일으키며 사막을 가로지르는 모습은 위기를 기회로 만드는 터닝 포인트였습니다.

'전자왕국' 버리고
'재미왕국' 된 소니

개인적으로 X세대인 저는 대학교 시절 용산 전자상가에 자주 갔습니다. 거기서 소니와 파나소닉의 가전제품을 구경하기 위함이었습니다. 그 당시 삼성 'mymy'라는 제품도 있었지만 일본 제품을 쓴다는 것은 '핫한 대학생'의 상징이었습니다. 하지만 어느 순간 소니는 플레이스테이션을 만드는 게임 회사로 전락해버렸습니다.

최근 빅히트를 쳤던 '워크맨'의 기업, 가전에서 망한 소니가 부활하고 있습니다. 대부분의 사람이 잘 모를 수 있습니다. 소니가 '전자'를 버리고 업태를 완전히 바꿔나가고 있기 때문입니다. 최근 대박이 난 애니메이션 '귀멸의 칼날'을 필두로 소니 뮤직, 소니 픽처스 등 그룹 매출 절반 이상이 콘텐츠 산업에서 나오고 있습니다.

일본 경제 부흥의 한 축을 이끌었던 소니가 잘나갈 때는 세계 최강 미국도 위협했습니다. 1989년 미국 컬럼비아영화사를 34억 달러(약 4조 5,500억 원)에 인수합니다. 2002년에는 AT&T로부터 뉴욕의 고층빌딩을 사들여 '소니 아메리카' 본사로 사용했습니다.

그 위세를 몰아 1990년대 중반 애플 인수도 검토했을 정도였습니다. 그랬던 소니도 일본 전체가 '버블경제 붕괴'로 장기 침체에 빠지면서 함께 위기를 겪습니다. 2003년 4월, 불과 이틀 만에 주가가 27% 폭락합니다. 이후 2009~2014년 연속 적자의 늪에 빠졌고, 2012년 국제신용평가사 피치가 소니의 신용등급을 '투자 부적격' 수준인 'BB-'로 강등하는 치욕도 맛봤습니다.

하지만 소니는 우리가 알던 '가전 왕국'이 아닙니다. 문화 콘텐츠 강자로 거듭 태어나고 있습니다. '더 라스트 오브 어스'와 같은 인기

PC게임과 드라마를 통해 재기하고 있습니다. **요시다 겐이치로 소니 그룹 회장의 말처럼 '엔터테인먼트 회사'로 업을 재정의하며** 돌파구를 맞은 듯합니다.

일본 전문가인 박상준 와세다대 국제학술원 교수는 "소니의 추락은 후발 주자인 한국 기업에 자신의 영토를 빼앗겨서가 아니라 미래의 영역인 디지털에서 애플에 밀려나서였다"라고 했습니다. 그러면서 **"소니는 결국 소니만의 미래를 찾았을 때, 비로소 부활에 성공할 수 있었다"**라고 덧붙였습니다.

이렇듯 업에 대한 이해는 고정되어서는 안됩니다. 업은 세계적인 트렌드로 봐도 의미가 없습니다. 업에 대해 치열하게 고민하는 문화를 가진 조직만이 이 위기의 시대를 정면으로 돌파해낼 수 있을 것입니다.

우리 조직의 인재상은?

조직마다 추구하는 인재상이 있습니다. 물론 업태와 규모에 따라 다양하게 나타날 수 있습니다. 저는 개인적으로 '세상에는 변해야 할 것과 변하지 않아야 할 것이 있다'라고 생각합니다. 변해야 할 것은 디지털 혁명에 따른 '사고의 유연성'이고, 변하지 않아야 할 것은 '사람 자체에 대한 신뢰'라고 생각합니다. 사고의 유연성과 사람 자체에 대한 신뢰가 4차 산업혁명 시대를 관통하는 인재상이기 때문입니다.

과학기술이 발전하면서 조직의 인재상도 급변하고 있습니다. 20세기에는 회사의 지시에 충성하고 성실한 인재를 원했습니다. 21세기 초까지만 해도 전문성을 가진 인재형으로 높은 학벌, 자격증, 관련 인턴, 언어 능력 등 남과 차별화된 지식을 갖춘 인재를 원했습니다.

최근 4차 산업혁명 시대의 인재상은 풍부한 지식과 경험을 통합하고 융합하여 새로운 것을 창출해내는 창의력을 가진 인재, 즉 직관 능력과 콘텐츠 제작 및 디지털 능력을 갖춘 인재를 원합니다.

　최근 ChatGPT의 등장으로 하루가 다르게 세상이 바뀌고 있습니다. 입력만 하면 대학생에게는 과제를, 직장인에게는 보고서를, 유튜버에게는 대본을 만들어줍니다. 최근에는 최첨단 가상현실 영상까지 만들어 많은 이들을 놀라게 하고 있습니다.

　그렇다면, ChatGPT 시대의 인재상은 어떻게 될까요? 대면과 비대면, 실재와 가상의 경계가 무너지는 세상에서는 끊임없는 도전 정신, 그리고 AI와 공존하되 인간의 본질을 잃지 않는 윤리적 가치를 가진 인재가 각광받을 것입니다. 최근에는 '트레일블레이저'(trailblazer)라는 용어를 사용하며 '개척자', '선구자'와 같은 인재가 부상하고 있습니다. ChatGPT 시대를 살아가려면 새로운 분야에 대한 수용성이 높은 인재가 필요하기 때문입니다.

　이렇듯 사람과의 공존을 넘어 AI(인공지능)와의 공존을 위한 협업 역량을 갖춘 인재가 요구됩니다. AI와의 경쟁에서 인간은 물리적 환경과 감정적인 요인 때문에 불리한 싸움을 해야 하지만, 협업을 통해서 AI를 보완하거나 좀 더 쉽게 사용할 수 있습니다.

　특히 지식과 기술은 인공지능으로 대체될 수 있으나 태도는 인공지능이 학습하기 어렵습니다. 디지털 시대의 또 다른 역량으로는 변화가 빠른 시대에 적응하고 소통하려는 디지털 문해력, 짧아진 지식의 유통기한을 위한 학습 민첩성, AI와의 협업을 위한 커뮤니케이션 능력이 필요한 시대입니다. 앞으로는 문맥 이해력과 비판적 사고 능력이 강조될 것입니다.

강박적 집착이
세상을 바꾼다?

그런 의미에서 자신의 업무에 몰입하는 프로 정신, 즉 '강박적 집착'이 필요합니다. 스티브 잡스, 제프 베이조스, 일론 머스크의 공통점은 강박적 집착을 가지고 세상을 변화시키려는 노력을 했다는 것입니다.

그릿(목표를 향한 끈기) 그리고 강박적 집착(obesessive)의 측면에서, 그릿을 넘어 좀 더 특별한 집중력으로 집요하게 일을 추진한 인재라고 볼 수 있습니다. 다만 강박적 집착을 관리하지 않을 때 개인·조직 차원에서 문제가 발생할 것을 경계해야 합니다.

> 무언가 성취되었다면 그건 어떤 편집광이 사명감으로 해낸 일일 것이다.
>
> – 피터 드러커

사명감은 일에 대한 의욕을 일으킵니다. 최근에 에버랜드의 귀

여운 팬더인 푸바오가 대한민국 국민의 사랑을 받았습니다. 특히 저는 주의 깊게 본 것이 푸바오 할아버지로 불린 강 사육사였습니다. 사명감이 강한 사육사일수록 그 일을 위해 치러야 할 대가도 기꺼이 감당합니다.

사육사는 정신적, 육체적 소모가 심한 직업 중 하나입니다. 추위와 무더위 속에서 동물들의 배설물을 치워야 하며 정규 근무 시간 외에 당직하는 일도 잦습니다. 하지만 동물원 사육사들은 일에 대한 의욕이 높습니다. 그들은 동물을 보호하고 그들이 멸종되지 않게 힘쓰는 일에 자신이 부름(calling)을 받았다고 생각합니다.

유대인에게도 소명 의식과 관련한 티쿤올람 사상이 있습니다. '티쿤(tikkun)'은 '고친다'라는 뜻이고 '올람(olam)'은 '세상'이라는 의미입니다. 그래서 티쿤 올람은 '세상을 개선한다'라는 뜻(to improve the world)입니다. 신은 세계를 미완의 상태로 창조했고, 신이 사람을 만든 목적은 사람에게 미완의 창조를 완전하게 하기 위함이라고 유대인은 말합니다.

그래서 유대인은 사람이라면 누구나 자신이 받은 재능과 능력을 발휘해 신의 파트너로 책임 의식을 가지고 더 나은 세계, 어제보다 더 나은 오늘과 내일을 만들기 위해 노력해야 한다고 믿습니다. 이것이 유대인의 존재 이유이자 유대인이 부단히 나아가야 할 삶의 방향입니다.

이렇듯 조직의 인재상은 계속해서 변해왔습니다. 하지만 인공지능 시대가 오더라도 '사고의 유연성'과 '직업적 소명 의식'은 기본 중의 기본으로 영원히 남을 것입니다.

혼연일체(渾然一體)의 의미

'혼연일체(渾然一體)'는 마음이나 행동이 완전히 섞여 하나로 뭉쳐진 상태를 의미합니다. 여기서 혼(渾)은 '흐리다'라는 뜻 외에 물이 서로 합쳐진다는 뜻도 가지고 있습니다. 양쪽 물이 서로 합쳐지듯이 마음이나 행동이 합쳐져 하나가 되는 상태를 의미합니다.

모든 조직은 직원들이 혼연일체가 되어 조직의 큰 비전을 달성하기 위해 노력해주길 바랍니다. 하지만 세상이 점차 다변화되고 계층별 사고도 다르다 보니 쉽지 않은 것이 현실입니다. 그런 의미에서 세계 최고 IT 기업을 만든 애플 정신의 대가 스티브 잡스의 예를 들여다볼 필요가 있습니다.

스티브 잡스가 애플로 복귀했을 때, 애플은 경영 위기를 겪고 있었습니다. 그는 이 원인을 '애플 스스로 정체성을 잃어버렸기 때문'이라고 결론 내리고, 자신과 직원들에게 이렇게 질문합니다.

"Who we are?"

"What we stand for?"

잡스는 '열정을 가진 사람들이 더 좋은 세상을 만들 수 있다'가 애플의 핵심 가치라고 생각했습니다. 그 철학이 비단 과거뿐만 아니라, 현재와 미래에도 공존하기를 원했습니다. 그 바람을 담아 정체성을 담은 광고를 만듭니다.

'Think different'

애플 광고에는 제품이 없는 일도 있습니다. 위대한 삶을 살았던 사람들만 등장하기도 합니다. 그것은 핵심 광고 대상은 상품이 아니라 정체성이라고 생각했기 때문입니다.

특히 'different'를 부사가 아니라 명사처럼 활용해서 광고에서 애플다운 '다름'을 보여줍니다. 'Think different'는 지금까지도 애플의 정체성을 확고히 하고 있습니다. 결국 열정 가득한 직원들은 전 세계 고객의 마음을 사로잡게 됩니다.

사티아 나델리가 마이크로소프트의 CEO가 되었을 때, 그의 미션도 과거 명성을 되찾는 것이었습니다. 그는 '우리의 정체성에 충실할 때', '우리를 특별한 존재로 만드는 우리의 영혼을 다시 찾을 때' 다시 기회가 온다고 생각했습니다. 그래서 그는 자신과 직원들에게 이렇게 질문했습니다.

> "마이크로소프트는 무엇을 위한 기업인가?"
> "우리가 존재하는 이유는 무엇인가?"

결국 그들이 찾은 마이크로소프트의 존재 이유는 '사람들이 우리 제품으로 더 많은 힘을 얻게(empowering) 하는 것'이었습니다. 그 후 마이크로소프트는 이를 통해 재기에 성공하게 되는 것은 물론 전 세계 사람들의 생산성이 올라가고, 더 협력할 수 있도록 하는 것을 최고의 가치로 삼게 됩니다. 그런 의미에서 기업 브랜드 전문가 Hatch와 Schultz 교수는 조직 정체성은 미래의 우리(비전), 현재의 우리(문화), 남이 보는 우리(평판)로 이루어진다고 발표했습니다.

> (1) 우리의 현재 모습은 어떤가?(현재의 우리)
> (2) 우리에 대해서 이해관계자들은 무슨 얘기를 하는가?(외부 평판 혹은 이미지)
> (3) 우리는 앞으로 어떤 존재가 되고 싶은가?(미래의 우리)

이 세 요소가 잘 연결될 때 조직 정체성이 확장되며, 하나라도 작동이 제대로 되지 않으면 위기를 맞게 됩니다. 조직 정체성(identity)과 비슷한 뜻을 가진 어휘도 있습니다. 조직의 사명(mission), 소명

(calling), 영혼(soul), 긍정적인 핵심(positive core) 등입니다.

특히, 조직문화는 조직 정체성과 같이 사용되곤 합니다. 정체성이란 것은 결국 일과 관계를 통해서 드러나며, 말이나 주장이 아니라 실제 행동으로 나타납니다. 그래서 정체성은 미래형인 동시에 현재형이기도 합니다.

MZ 직원에게 일의 정체를 설명하라

미국 보험회사 메트라이프는 2022년 업무 만족도가 역대 최저를 기록했습니다. 특히 젊은 세대의 만족도가 최저였습니다. 그들은 자신이 하는 업무의 목적을 모르겠다는 반응이 많았습니다. 특히 이들의 54%가 이직을 할 때 반드시 고려해야 할 조건으로 '의미 있는 일'을 꼽았습니다.

조직이나 리더가 맥락적 설명 없이 일만 넘기면 젊은 직원 입장에서는 일의 정체를 몰라 수시로 되물을 수 있습니다. 나이를 떠나 누구라도 하고 싶지 않은 일을 하다 보면 번아웃이 찾아오고 이직도 고려하게 됩니다.

이를 해결하기 위해 동기부여 방식의 고정관념도 깨야 합니다.

금전적 보상을 통한 전통적인 방식이 아닌 개인 스스로 일의 의미를 찾을 수 있도록 실시간 지원해야 합니다. 특히 조직과 직원의 정체성 간 교집합을 만들어 개인과 조직 사이에서 일에 대한 경계가 옅어지고 서로 순환할 수 있도록 해야 합니다.

> 행복은 삶의 순간에 깊게 몰입할 때 찾아오는 것이다.
> - 미하이 칙센트미하이, 『플로』 중에서

칙센트미하이 교수의 '플로(flow)'라는 개념이 있습니다. 플로는 '시간의 흐름이나 공간, 더 나아가 자신에 관한 생각마저 잊어버리는 완벽한 심리적 몰입 상태'를 말합니다. '무아지경', '삼매경'과 비슷한 뜻입니다. 그는 행복한 삶을 만드는 원동력을 '몰입'에서 찾았고, 『플로』는 미국 사회 각계각층에서 관심과 찬사를 받은 최고의 베스트셀러가 되었습니다.

조직과 개인의 비전이 연결되어 몰입하는 환경, 혼연일체를 위해 우리는 어떤 제도와 시스템을 개선할지를 지속해서 고민해보아야 할 것입니다.

개인적인 신념을 넘어 조직의 신념으로

IMF 사태와 미국발 금융위기 사태 속에서 사회생활을 하다 보면 직장이 '나'를 책임지지 않는다는 것을 자연스럽게 알게 됩니다. 그렇다고 매달 들어오는 월급날만 생각하기에는 우리의 인생이 너무 허무할 것입니다. 그럼 과연 회사는 우리에게 어떤 의미일까요?

세계적인 마케팅의 스승으로 불리는 세스 고딘이 세계 90개국 1만 명의 직장인에게 질문한 적이 있습니다. 최고의 일자리라고 하면 무엇이 떠오르냐고 말입니다. 놀랍게도 1위는 '보수'나 '복지'가 아니라 '성취 경험'이었습니다.

그에 따르면 직장인은 임금보다 개개인이 느끼는 '존중'을 더 가치 있게 여겼습니다. 현명한 조직은 직원을 단순히 '회사의 배경음악'에 머무르게 하지 않고, 직원 한 명 한 명을 신념 가득 찬 작은 모차르트가 되도록 이끌어야 합니다. 이를 위해 조직은 직원과 경영 과정을 공유하며 '나만의 배'가 아니라 '우리 모두의 배'로 만들어야 합니다. 이를 위해 리더는 직원을 단순한 지시의 대상이 아닌, 회사와 함께 존재하는 대상으로 바라봐야 합니다.

> 사람들은 자신이 전하고 싶은 아이디어에 대해 오랜 시간 생각하지만, 이를(타인에게) 어떻게 전달할 것인지는 충분히 생각하지 않는다.

그런 의미에서 조나 버거 미국 펜실베이니아대 와튼스쿨 교수는 "언어(language)는 조직 생활에서 사용되는 기본 요소"라고 말했습니다. 우리는 회의할 때, 이메일을 작성할 때 등 조직 내 모든 업무에 특정 언어를 사용합니다. 버거 교수는 안타깝게도 사람들은 자기 생각을 어떻게 타인에게 전달할지 충분한 고민을 하지 않는다고 말했습니다. 그는 상대방을 움직이게 하기 위한 '마법의 단어' 유형을 정의했습니다.

먼저 리더가 타인을 설득하려면 '동사'보다 '명사'를 사용하며 일의 정체성을 부여해야 합니다. 어느 연구진이 스탠퍼드대 소속 기관인 빙 유치원(Bing Nursery School)에 다니는 아이들의 행동을 관찰했습니다. 아이들의 물건 정리 임무였습니다. 이때 일부 아이들에게는 단순히 '물건 정리하는 것을 도와달라(help)'고 동사형 요구를 했고, 다른 아이들에게는 '도움을 주는 사람(helper)이 되어달라'고 명사형 요구를 했습니다. 이 미세한 차이는 큰 변화를 불러왔습니다. 명사형 요구를 들은 아이들이 동사형 요구보다 물건 정리를 약 30% 더 많이 했기 때문입니다.

두 번째 필요한 것은 '자신감의 언어'입니다. '분명히', '틀림없이' 등 자신감을 드러내는 단어를 사용하며 확신을 부여하면 더 큰 영향을 미치는 것으로 나타났습니다.

다음은 '명확한 단어'입니다. 누구나 쉽게 이해할 수 있는 단어를 의미합니다. 예를 들어 '가구' 대신 '식탁'으로, '바지' 대신 '청바지'와 같이 구체적인 단어로 이야기하는 것이 상대의 행동을 강화할 수 있었습니다.

마지막은 '유사성'의 단어입니다. 한 중견기업이 5년 동안 주고받은 1,000만 건 이상의 이메일을 분석했습니다. 그 결과, 동료들과 비슷한 언어 사용 스타일을 보인 직원이 업무 평가가 높고 승진할 확률도 훨씬 높은 것으로 밝혀졌습니다.

하지만 오늘날 많은 리더는 자신이 전달하고 싶은 생각과 말에 집중합니다. 자신의 언어 영향력을 많이 생각하지 않습니다. 개인의 신념과 조직의 신념을 연결하기 위해서는 어떤 단어를 사용할지 함께 고민해야 합니다.

동기를 스스로 찾게 하려면?
'자율성'

      심리학자 에드워드 데시와 리처드 라이언은 '자기결정성 이론'을 제시하면서 인간의 기본적인 심리적 욕구 3가지를 자율성, 유능감, 관계성으로 제시했습니다. 특히 자율성을 가장 기본적인 심리적 욕구라고 강조했습니다.

    시카고대 심리학과 알렉스 쇼도 2012년 비슷한 실험 연구를 했습니다. A 조건은 자신이 아이디어를 제공해서 타인이 조립하게 하는 방식(ownership of ideas)이었고, B 조건은 타인이 아이디어를 제공하고 조립은 내가 하는 방식(physical ownership)이었습니다. 그 결과 네 살짜리 아이들조차 큰 차이로 A 조건, 즉 자신들의 아이디어가 구현된 결과물을 선호하는 것으로 나타났습니다. 하물며 성인들이 모여 있는 조직에서 자율성은 더 큰 힘을 발휘할 것입니다.

회사나 일에
조금 더 몰입하게 하려면

      『가짜 일 vs 진짜 일』의 저자 브렌트 피터슨은 연구 결과 직원 중 73%가 자신이 하는 일이 회사의 목표를 이루는 데 도움이 되지 않는다고 생각하는 것으로 나타났습니다. 그중 53%는 자신이 하는 일이 그다지 중요하지 않다고도 말했습니다. 이를 극복하려면 리더들은 일의 의미와 목적을 최대한 분명하게 이해시켜야 합니다.

특히 주 40시간의 단순 '근로 계약'이 아니라 '심리적 계약'을 이루어내야 합니다. '심리적 계약'이란 회사와 구성원 서로가 상대와 무엇을 주고받을 것인가에 대한 주관적인 기대와 믿음을 말합니다. 개인의 성장, 공정한 보상과 피드백을 기대하는 젊은 세대에게는 거래 모델로서 '심리적 계약'이 더 효과적이기 때문입니다. 이를 위해서는 비전, 방향성, 목표 같은 큰 그림을 보여주고 친절히 설명해주어야 합니다. 리더들도 단순 업무 시간이 아니라 업무의 질 관리에 신경 써야 합니다. 재택근무, 유연근무 같은 다양한 형태의 근무 방식이 확산하면서 더는 물리적으로 시간을 통제하고 관리하는 것은 의미가 없어졌기 때문입니다.

직원들이 성취감을 경험하고, 배우며 성장하고 있다고 느끼고, 자신이 중요하고 의미 있는 일을 하고 있다고 느끼도록 제도와 시스템을 정비해야 합니다. 점점 복잡해지는 사회현상 속에서 개인의 신념을 넘어 조직의 신념으로 연결하기 위해서는 조직 차원의 심층적 고민이 요구됩니다.

구글 창업자 래리 페이지의 담대한 목표

래리 페이지(Larry Page)는 미국 미시간주에서 태어난 유대인이었습니다. 부모 둘 다 대학교 컴퓨터과학 교수였습니다. 래리는 미시간대학교에 진학해 컴퓨터공학을 전공했습니다. 부모와 마찬가지로 컴퓨터과학 교수가 되고 싶었던 그는 스탠퍼드대학교 대학원에 진학해 월드 와이드 웹, 텔레프레슨스(원격 관리툴) 등에 관한 연구를 시작했습니다.

그 후 1996년 'BackRub'라는 원시적 검색엔진을 만들게 되었고, 이게 페이지 랭크 알고리즘으로 구체화되자 동료였던 세르게이 브린과 함께 구글을 공동창업했습니다.

우리의 10년 후를 변화시킬 수 있는 것은 과연 무엇일까?
세상의 모든 정보를 한 곳에 집대성해서 누구나 사용할 수 있도록 하겠다.

그는 "이 세상에서 가장 큰 실패는 대담하게, 담대하게 도전하지 않는 것이다. 회사가 실패하는 이유는 야망이 없기 때문이다"라고 말하곤 했습니다. '악하게 굴지 말라(Don't be evil)'를 사훈으로 삼기도 했습니다.

"우리는 멈추지 않을 것이다. 계속 다른 사람들이 미쳤다고 하는 일들을 시도해볼 것이다. 기업은 안주하려 한다. 혁신의 기술 산업에서 안주를 불편하게 받아들여야 한다. 구글은 전통적 의미의 회사가 아니다. 우리는 그 이상을 만들고자 한다. 이번에 회사 이름을 알파벳으로 지은 것은 바로 알파벳이 인류 최고의 혁신이라 할 수 있는 언어를 상징하기 때문이다"라며 혁신의 각오를 다졌습니다.

래리 페이지는 혹시 이직하려는 사람들이 있으면 마치 우주여행과도 같은 구글의 '문샷(moonshots) 프로젝트'에 얼마나 전념해왔는지를 누차 강조하며 설득하기도 했습니다. 또, 직원들이 자신의 아이디어로 사업을 하고 싶어 하면 여기에 필요한 돈과 시간을 보장했습니다. 그는 꼼꼼한 사람이었습니다. '칫솔 테스트(Toothbrush Test Framework)'에서 그의 꼼꼼함을 살펴볼 수 있습니다. '우리가 인수, 합병할 기업이 보유하고 있는 기술이 칫솔처럼 우리에게 자주 이용되는지, 혹은 없으면 매우 불편한지를 파악해야 한다'라는 뜻입니다.

페이지는 컴퓨터 공학자뿐만 아니라 경영자로서의 능력도 보였습니다. 먼저 구글의 소통 시스템 'TGIF(Thank God It's Friday)'를 통해 매주 금요일 점심에 모든 직원이 한 군데 모여 자기 생각을 전 직원에게 알릴 수 있는 시스템을 갖추었습니다. 그 시간만큼은 자신의 새로운 아이디어, 회사 경영 방식에 대한 불만 등 무엇이든 경청했습니다. 모든 임원은 이 자리에 참석해 직원들의 의견을 듣고, 자신들의 생각을 직접 설명했습니다. TGIF를 통해 직원들의 불만은 줄어들고, 혁신적인 아이디어를 발굴해나갔습니다. 이메일 용량이 너무 적다는 직원의 아이디어를 듣고, 10GB 이상의 이메일 용량을 제공하는 지메일을 출시한 것이 대표적인 일입니다. 이후 지메일은 10억 명이 넘는 사용자가 이용하는 구글의 대표 서비스로 거듭났습니다.

직원의 업무 스케줄인 '8:2 시스템'도 주목할 만합니다. 구글의 모든 직원은 일주일의 4일은 자신의 본업에, 하루는 자신이 하고 싶은 업무에 종사할 수 있도록 했습니다. 하지만 강제는 아니었습니다. 일주일 내내 본업만 해도 되긴 합니다. 다만 8은 본업을, 2는 하고 싶은 업무를 처리하는 것을 권장했습니다.

페이지는 구글 설립 이후 지속적인 인수합병을 통해 새로운 먹거리를 찾아 나섰습니다. 그동안 인수·합병한 기업은 200여 개입니다. 2003년에는 어플라이드 시멘틱(Applied Semantics)을 인수해 개방형 광고 프로그램인 구글 애드센스를 출시했습니다. 2006년에는 주변의 많은 반대를 무릅쓰고 우리가 너무 잘 알고 있는 동영상

공유 서비스 유튜브를 16억 5천만 달러라는 거금에 인수했습니다. 애드센스와 유튜브는 현재 구글을 먹여 살리는 주력 광고 수입원으로 자리매김하고 있습니다.

2005년, 페이지는 앤디 루빈과 만나 안드로이드 운영체제를 구글의 것으로 매입했습니다. 이후 모바일 시대가 도래하자 이 결정은 손에 꼽힐 정도로 뛰어난 인수합병 사례가 되었습니다. 안드로이드 운영체제는 모바일 운영체제 시장에서 큰 활약을 하고 있습니다.

래리 페이지는 구글의 창업과 성장을 통해 혁신과 탐구 정신의 중요성을 강조했습니다. 이와 같은 래리 페이지의 경영 전략과 리더십을 보면, 그는 노출을 꺼리는 전형적인 은둔형 리더로 보였지만 실제는 구글의 모든 직원 및 엔지니어들과 항상 소통하는 리더로서의 면모를 유감없이 발휘했습니다.

그는 사용자 중심의 제품과 서비스를 개발하여 전 세계의 정보에 더 쉽게 접근하게 만들어, 사람들의 삶을 편리하게 만들고자 한 것입니다. 그의 혁신적인 세계관에서 우리 조직 성공 모델의 시사점을 찾아볼 수 있을 것입니다.

구글 공동창업자 래리 페이지(Larry Page)의 명언

- 세상을 변화시키고자 한다면, 대담하게 생각하라.
- 우리의 최고 경쟁 상대는 우리 자신이다.
- 일하면서 즐거움을 느끼지 않는다면 그 일은 중요하지 않다.
- 간단한 것을 깊이 공부하라.
- 어제보다 더 나은 미래를 만들기 위해 끊임없이 노력하라.
- 실패는 새로운 시도를 시작하기 위한 다른 기회다.
- 우리는 문제 해결자이자 기회 창출자이다.
- 변화는 인내심과 꾸준한 노력으로 이루어진다.
- 최고가 되기 위해 경쟁하는 것이 중요하다.
- 목표를 설정하고 그 목표를 달성하기 위해 끊임없이 노력하라.
- 상상력을 가지고 가능성을 찾아라.
- 세상을 개선하기 위해 도전하고 새로운 것을 시도하라.

성당 건축공과 NASA 청소부의 공통점

　　1966년 런던, 어느 일요일의 밤 토마스 패리녀의 베이커리에서 원인 모를 큰 화재가 났습니다. 불은 삽시간에 런던 시내로 퍼졌고 당시 화재 진압 기술로는 단숨에 불을 끄기 어려워 무려 나흘간 이어졌습니다. '폭풍처럼 번지는 불(firestorm)'이라고 불렸으며, 전 세계 3대 화재 중 하나로 기록될 정도로 엄청난 화재였습니다. 왕립재건위원회는 도시 복구를 시작했고, 크리스토퍼 렌(Sir Christopher Wren)에게 전소된 대성당의 복구를 맡겼습니다. 그는 당대 최고의 과학자였으며 1663년 갑자기 건축으로 방향을 바꾸어 유명한 건축가가 된 인물입니다. 그는 결국 세인트폴 대성당을 바로크 양식으로 재탄생시키게 됩니다.

　　어느 날 그가 대성당 공사장에 갔습니다. 어느 석공에게 다가가 물었습니다. "뭐 하고 계십니까?" 석공이 답했습니다. "돌을 자르고 있습니다."

렌은 다른 석공에게 다가가 똑같이 질문했습니다. "뭐 하십니까?" "하루에 5실링 2펜스를 벌고 있습니다." 두 번째 석공의 답이었습니다.

렌은 세 번째 석공에게 같은 질문을 던졌습니다. "뭐 하십니까?" 세 번째 석공이 답했습니다. "저는 크리스토퍼 렌을 도와 아름다운 성당을 짓고 있습니다."

세 번째 석공은 다른 사람과 달리 일의 의미를 가지고 자신만의 해석을 했습니다. 세 석공은 같은 돌을 쪼개고 있지만, 자기 일을 어떻게 바라보고 있는가에 따라 그 결과는 큰 차이를 만들 것입니다.

또 다른 이야기가 있습니다. 미국 제35대 대통령 존 F. 케네디가 미국 항공우주국(NASA)을 방문한 적이 있습니다. 그곳에서 대통령은 즐겁게 바닥을 닦고 있는 한 청소부를 발견합니다. 그리고 그는 이렇게 묻습니다.

"청소하는 일이 그렇게 즐겁습니까?(Do you really like cleaning?)" 그러자, 그 청소부는 대답합니다. "대통령님, 저는 단지 청소를 하는 게 아닙니다. 인류를 달에 보내는 일을 돕고 있습니다.(Mr. President, I am not just cleaning, I am helping to send human beings to the Moon.)"

그는 단순히 청소하는 일보다, 공동체 안에서 함께 일하고 있다는 자부심을 가졌습니다. 남이 시켜서 하는 수동적인 삶보다 자신이 주도적으로 하는 삶은 다른 미래로 펼쳐질 것입니다.

조직에서도 아무 생각 없이 일하는 사람과 자신만의 소명과 목적을 가진 사람의 결과는 많이 다를 것입니다. 자기 일에 대한 의미와 함께 즐거움도 함께 따라오기 때문입니다. 그런 의미에서 좋은 기업은 명확한 미션과 비전이 있습니다.

미션은 '우리 기업 또는 조직의 존재 이유는 무엇인가?'라는 질문으로 조직의 정체성을 나타냅니다. 미션은 개인의 철학, 불변의 가치, 내가 살고자 하는 방향으로 인생의 철학과 가치를 담는 것입니다. 즉, 미션을 통해 왜 존재하는지 아는 기업을 만들어야 합니다.

비전은 '우리 조직이 나아가고자 하는 미래 모습은 무엇인가?'라는 질문으로, 조직의 목표를 나타냅니다. 막연한 꿈이나 희망이 아닌 비전을 통하여 미래의 이상과 목표가 명확하게 제시되어야 합니다. 즉, 비전을 통해 무엇이 될지 아는 기업을 만들어야 합니다.

그런 의미에서 개인의 꿈도 '무엇이 되는 것'이 아니라 '왜 되어야 하는가'에 대한 자신만의 답이 있어야 합니다. 마치 에머슨이 말하는 진정한 성공, 즉 '자기가 태어나기 전보다 세상을 조금이라도 살기 좋은 곳으로 만들어놓고 떠나는 것'과도 같습니다.

에머슨이 말하는 성공은 곧 '사랑'입니다. 어찌 보면 인류애로 볼 수도 있습니다. 진정한 사랑의 나눔은 개인과 조직에 희망과 용기를 주기 때문입니다. 그래서 꿈은 사랑과 연결되는 단어입니다.

훌륭한 운동선수는 열정적인 훈련을 통해 기록을 경신하고, 직장인은 제품과 서비스에 자신의 혼을 담아야 합니다. 화가는 무한한 상상력을 통해 자신이 수긍할 작품을 만들어냅니다. 이처럼 각자 삶의 현장에서 주어진 가능성에 도전할 때 아름답습니다.

자신이 하는 일이
어떤 일이라고
생각하는가?

삶의 태도는 재능이나 어떤 조건보다도 중요한 인생의 자세입니다. 나의 태도가 개인과 조직을 넘어, 한 국가를 살리기도 하고 망하게도 합니다. 태도는 마음에서 비롯되기 때문입니다.

조직에서 나 혼자는 변화를 도모할 수 없다고 낙심하고 절망할 수도 있습니다. 하지만 일을 바라보는 나의 자세는 얼마든지 바꿀 수 있습니다. 내가 마음먹고 태도를 바꾼 만큼 언젠가 우리에게 희망찬 선물로 돌아올 수도 있을 것입니다.

PART 3

왠지 지켜야 할
너낌적인 너낌?

문화 편

심리적 안정감을 높여라

어떻게 보면 이것이 조직문화 개선을 위해 가장 중요한 해결책일 수 있습니다. 바로 '심리적 안정감'입니다. 우리 가정도 화목해야 아이들이 안정된 환경에서 잘 자라날 수 있습니다. 조직도 마찬가지입니다. 내가 존경받고 있다는 마음이 있을 때 에너지를 뿜어낼 수 있기 때문입니다.

아이가 공부를 잘하길 바란다면 부부가 사이좋은 모습을 보여주면 됩니다. 그러면 아이는 학교와 학원에서 받은 스트레스를 집에서 풀고 다시 에너지를 만들 수 있기 때문입니다. 밥상머리에서 부모가 아이에게 학업 이야기만 한다면 아이는 더는 말을 하지 않을 것입니다. 오히려 아이가 밖에서 어떤 일이 있었는지, 요즘 관심사는 무엇인지 물어보고 호응한다면 아이들은 기가 살아날 것입니다.

그런 의미에서 '심리적 안정감'이란 조직에서 어떤 말을 하더라도 페널티를 받지 않는다는 믿음입니다. 회의 시에 직급으로 누르지 않는 문화, 어떤 의견이든 좋은 의견과 나쁜 의견이 없다는 개방성, 상대의 의견에 비판보다 건강한 호기심 등 건강한 조직문화가 뒷받침되어야 합니다.

그렇다고 마냥 편하기만 해서 심리적 안정감이 형성되는 건 아닙니다. 서로 도울 준비가 돼 있으면서 도전을 즐기고 비전을 공유해야 합니다. 뛰어난 개인들이 모인 팀보다 심리적 안정감이 높은 팀이 더 좋은 성과를 낸다는 통계 자료들이 이를 뒷받침합니다.

때로는 사내 동아리 모임도 조직문화 형성에 이바지할 수 있습니다. 개인적으로도 회사가 업무 중심으로 돌아가다 보니 인간관계에 대한 결핍이 있었습니다. 동아리 활동은 취미와 관심사를 중심으로 서로 소통하여 삶의 활력소가 되고 조직에 적응하는 데 큰 도움이 되었습니다.

어찌 보면 조직 내에서 가장 심리적 안정감이 필요한 사람은 팀장과 같은 관리자군일 수 있습니다. 젊은 직원들 눈치 보고, 경영진에게 치이는 샌드위치 위치이기 때문입니다. 팀장 마음이 안정되어야만 팀원에게 좋은 영향을 주게 되는 이치입니다.

우리 직장인들은 나이의 많고 적음을 떠나 누구든 자기 생각과 욕구를 표현하고 싶어 합니다. 하지만 회의 시간 등 조직 생활 과정에 튀는 돌이 정 맞는다거나, 열심히 일하면 더 많은 일과 욕만 돌아온다는 주변의 반응은 의기소침하게 만듭니다. 이를 극복하기 위해 제도적 보완도 필요합니다. 실패에 대한 관용, 즉시 시상 등의 장치가 있어야 합니다. 그렇다고 도덕적 문제 등을 통한 실패를 용인하라는 것은 아닙니다. 최선을 다했지만 부족한 부분이 있었더라도 이를 인정하고 배려하는 자세입니다. 패자부활전을 멋지게 할 수 있는 격려의 문화가 필요합니다.

무엇보다 심리적 안정감을 갖기 위해서는 부서와 개인 단위의 업무 경쟁력이 높아야 합니다. 조직의 성과에 보답할 때 좋은 조직문화가 생기기 때문입니다. 먹고살기 힘든 기업은 조직문화에 공을 들일 여유가 없습니다.

명확한 목표와 자율성, 충분한 지원, 학습 조직 등이 직원들의 내면 상태를 풍족하게 합니다. 존중과 인정, 격려, 정서적 지원, 소속감 등은 직장 생활의 비타민 역할을 합니다. 되도록 큰 목표를 작은 목표로 나누고 달성 과정 과정에 서로 인정하고 칭찬하는 문화가 필요합니다.

특히 과학적 연구에 따르면 심리적 안정성이 높은 사람들이 더 오래 건강한 삶을 산다고 합니다. 우리는 정신적으로 안정될 때 감정을 잘 다루게 됩니다. 스트레스를 줄여서 부정적인 감정 상태를 최소화할 수 있습니다. 이를 통해 심장병, 당뇨병, 만성 통증 등 다양한 건강 상태가 발생할 위험을 줄일 수도 있습니다. 심리적 안정은 우리의 인지 기능을 향상하고 관계에도 영향을 미칩니다. 우리가 감정적으로 안정될 때, 효과적으로 의사소통하고 문제 해결력이 높아지고 다른 사람을 수용할 그릇도 커지게 됩니다.

심리적 안정은 지금처럼 워라밸 시대에 웰빙 기능처럼 필수적입니다. 상호 존중하면서 즐겁게 일하는 조직문화를 만들어 출근하고 싶은 일터가 된다면 그 즐거움이 직원들의 역량과 업무 생산성, 적극성을 높이는 데 영향을 줄 것입니다.

조직문화가 좋다고 인정받은 곳들은 하나같이 이야기합니다. 조직문화는 정원을 가꾸는 것과 같다고 말합니다. 정성을 들여 고민하고 답을 찾아야 한다는 것입니다. 옛말에 절이 싫으면 중이 떠난다는 이야기가 있지만, '젊은 중은 절을 고쳐서 쓴다'라는 말도 있습니다.

좋은 조직문화의 해결은 담당 부서에만 있는 것이 아닙니다. 임원이나 리더군에서 '뿅' 하고 만들어내는 것도 아닙니다. 부서 및 경영진 회의 문화, 인사평가, 평가 체계, 비전 하우스, 스몰 토크를 장려하는 조직문화, 전 직원 월례회의 등 다양한 곳에서 가랑비에 옷 젖듯이 변화를 통해 완성되는 것이 조직문화입니다. 심리적 안정감을 높이기 위해 조직과 개인이 함께 노력한다면 그 조직의 장래는 한층 더 밝아질 것입니다.

'님'으로 호칭만 바꾼다고 변하는 것은 없다

수평적 조직문화를 위한 호칭 변경의 원조는 CJ그룹입니다. 저는 2001년에 다른 대기업에 입사했습니다만 2000년 하반기부터 본격적으로 면접을 보러 다녔습니다. 그 당시 CJ그룹은 취업 준비생에게 일하기 좋은 직장문화라며 인기가 많았습니다. 2000년 1월 부장, 과장, 대리 등의 직급 호칭을 버리고 서로를 '-님'으로 부르기 시작했습니다.

하지만 2000년대 초부터 10여 년 진행된 대기업들의 호칭 파괴 시도는 대부분 실패로 돌아갔습니다. KT는 2009년, 포스코는 2011년, 한화그룹은 2012년 직원 간 호칭을 '매니저'로 통일했지만 몇 년 안 돼 기존 직급 체계로 복귀한 적이 있습니다.

업무 책임이 명확하지 않고 외부 미팅 시에도 호칭 혼선이 많았다고 합니다. 또한 대리-과장-차장으로 이어지는 '승진 계단'이 사라지면서 직원들의 의욕이 저하되었다는 이유도 있었습니다. 조직문화 변화 측면에서도 큰 차이를 느끼지 못하는 직원도 많았다고 합니다.

인사 전문가들은 호칭과 직급 단순화로 보수적인 조직문화를 변화시키는 데는 한계가 있다고 말합니다. 호칭과 직급 파괴가 조직문화 변화의 마중물이 될 순 있지만, 업무에 맞는 평가와 보상도 함께 이뤄져야 조직문화를 개선할 수 있기 때문입니다. 한편 수평적 조직문화를 단순히 규정이 느슨하고 근태가 자유로운 것으로 착각하는 경우도 발생합니다.

조직은 이윤 달성을 위해 모인 집단입니다. 따라서 조직에는 위계가 발생할 수밖에 없습니다. 과거 경제 고도화 시기에는 위계질서가 권한과 책임을 명확하게 해서 빠른 실행과 지속 성장을 이끌어왔기 때문입니다.

'권한과 책임'이 있는 곳에서 직급과 직책, 결정과 지시가 사라지는 완전한 수평 조직은 존재하기 힘듭니다. 누군가는 의사 결정을 하고, 책임을 지고, 비전과 중장기 방향성을 잡아나가야 합니다.

호칭이 갑작스럽게 바뀌면 기존 직원들은 어색한 관계가 되면서 혼란스러워지기도 합니다. 유교주의 사회의 영향도 있을 것입니다. 물론 나이와 직급을 떠나 서로 존대를 해주다 보면 폭력적인 언행이 많이 줄어듭니다. 하지만 조직이라는 것은 경력에 맞는 업무와 책임이 있습니다. 하물며 학교에도 반장이 있습니다. 호칭과 직급이 사라진다고 모두가 같은 책임의 무게를 갖는 것은 아닐 것입니다.

사업모델과
조직 특성에
따라 '온도 차'

　　　　　　　　전문가들은 인사제도와 호칭을 둘러싼 기업 간 '온도 차이'를 비즈니스 모델 때문으로 보고 있습니다. 대규모 인력이 투입되고, 현장 노하우가 생산성을 좌우하는 대형 제조업체에선 '연공서열 = 능력' 공식이 여전히 유효합니다. 정해진 틀대로 오차 없이 빠르게 업무를 추진하는 것이 성패를 좌우하는 기업에서는 상하관계가 명확한 게 도움이 될 수 있습니다.

　호칭보다 중요한 것이 조직문화입니다. 핵심 경영진이 고급 정보를 독점하고 직원들에게 업무를 위임하지 않는 상황에서 호칭 변경은 효과가 크지 않습니다. 직원들이 회의 자리에서 입을 열지 않는 것은 직급이 낮아서가 아니라 들은 정보가 없어서 아는 것이 없어서일 수 있습니다.

　어느 대기업 관계자는 "조직문화를 바꿔야 할 필요성은 느끼지만 유출되면 타격이 큰 기업 비밀까지 직원들에게 공개할 수는 없다"라며 "과감하게 권한을 위임할 수 있는 부서도 많지 않다"라고 하기도 했습니다.

수평적이고 창조적인 조직문화를 가진 성공한 스타트업, 구글이나 페이스북 등을 무조건 따라 해서는 안 됩니다. 모든 기업이 구글과 페이스북이 아닙니다. 큰 조직은 변화가 필요한 시기에 변화해야 하지만, 그러한 변화는 조직 고유의 자발적 변화여야 합니다.

일각에서는 이러한 호칭 변화에 대한 평가가 과장되었다고 보기도 합니다. 호칭 제도 개선이 기존 기업문화의 문제점들의 근본적인 해결책이 될 수는 없습니다. 하지만 호칭 변화는 직원들의 소통을 위한 부단한 노력의 상징입니다. 우리가 'ㅇ 대리'라고 부른다면, 그 사람은 그저 '대리'일 뿐입니다. 하지만 직급을 떠나 개인적 관심과 존중을 보인다면 단순 'ㅇ 대리'가 아닌 든든한 팀원이 될 수 있습니다.

'호칭을 없애 수평적 조직문화로 변화시키겠다'라는 것에 대한 반응은 두 가지입니다. "그게 되겠어?" 또는 "조직을 변화시키기 위한 좋은 시도"일 것입니다. 어느 것이든 정답은 없습니다. 다만 좋은 '좋은 조직문화 = 호칭 변화'를 의미하지는 않습니다. 각 기업의 규모와 성격, 업종, 조직의 인구통계학적 상황 등에 따라 고유의 조직문화 개선책을 찾아 나서야 할 것입니다.

선수보다 운동장이 더 중요하다

'그라운드 룰'이라는 게 있습니다. 우리가 일상에서 게임을 할 때 먼저 정하는 기준이나 규범이라는 뜻으로 쓰이곤 합니다. 하지만 실제 뜻은 야구에서 뜻밖의 사태를 고려해 만든 경기 규정, 혹은 정규 규격에 맞지 않는 야구장에 적합하게 만든 특별한 규칙을 의미합니다.

가정에는 가훈이 있고, 회사에는 사규가 있습니다. 그런 의미에서 세계적인 축구선수로 거듭나고 있는 손흥민 선수의 아버지 손웅정 감독에게는 남다른 교육관이 있었습니다.

흔히들 자식에게 친구 같은 부모가 되어줘야 한다고들 하는데, 나는 직무 유기라고 본다. 친구 같은 부모는 존재할 수 없다. 애가 습관적으로 뭘 잘못해서 고쳐야 할 부분이 있는데

친구끼리 그게 되느냐. 안 되는 건 안 된다고 끝끝내 말해줄
수 있는 건 부모뿐이다.

손 감독은 큰 부모는 작게 될 자식도 크게 키우고, 작은 부모는
크게 될 자식도 작게 키운다는 생각으로 자식들을 키웠다고 합니다.
그러면서 자식에게 물음표를 계속 던지는 사람이 진짜 부모라고 했
습니다. 어떨 때 행복한지, 꿈은 무엇인지 질문했을 때 돌아오는 손
흥민 선수의 답은 항상 같았다고 합니다.

축구하는 게 가장 행복해.

손흥민 선수에게 기본기를 가르치는 데만 7년을 소비하였습니
다. 하지만 손흥민 선수는 짜증 한 번 내지 않았습니다. 자기 꿈이
여기 있는데 짜증을 낼 필요가 없었기 때문입니다. 손웅정 감독은
자신은 어린 시절 반항아로 학교 공부를 등한시했지만 독서는 꾸준
히 했습니다. 그는 가난만 대물림되는 게 아니라 부모의 게으름, 부지
런함, 청소하는 습관도 대물림된다며 자녀에게 본이 될 수 있도록 긴
장하면서 살았다고 합니다.

사람과 사람 간에 선을 지키는 부모들의 모습을 보고 자식들이
배운다며, 공 잘 찬다고 해서 월드클래스가 되는 건 아니고 인품을
동반해야 한다고 그는 덧붙였습니다. 손정웅 감독을 보며 아이를 축

구선수로 키우기 전에 남다른 그라운드 룰, 즉 운동장을 잘 닦아놓았다는 생각이 들었습니다.

조직을 경영하는 우리도 회사에 어떤 제도와 시스템을 도입해야 할지 고민해야 합니다. 그런 면에서 우리나라가 전 세계 올림픽 스포츠 1위를 지키는 종목이 있습니다. 바로 모든 국민이 좋아하는 양궁입니다.

그 이유를 들여다보면, 스타 선수가 있기 전에 공정한 운동장이 있었습니다. 양궁협회에는 지연·학연·파벌과 '불공정한 선수 발탁'이 없다고 합니다. 스포츠 과학화와 선수 육성 시스템이 그 자리를 대신합니다. 국가대표는 철저하게 경쟁을 통해서 선발하며, 코치진도 공채를 통해 공정하고 투명하게 뽑았습니다. 이런 노력들이 최근 파리올림픽에서 우리나라 국가대표팀이 5개 전종목 석권이라는 금자탑을 쌓은 비결이기도 합니다. 지난번 항저우 아시안게임도 대회가 1년 연기되자 국가대표 선발전을 다시 열어 화제가 됐습니다.

또한 '유소년대표(초)-청소년대표(U16)-후보선수(U19)-대표상비군(U21)-국가대표'에 이르는 우수 선수 육성 시스템을 체계적으로 운영했습니다. 선수와 코치진의 노력, 양궁협회의 투명한 운영, 국민적 관심과 성원, 그리고 후원 기업의 힘으로 세계 최고의 성과를 내왔습니다.

다양성과 경쟁 공존,
고객 만족 '끝판왕'
영국 프리미어리그

　　　　　　　　　　　　　세계 최고로 평가받는 영국 프리미어리그(EPL)는 1992년 새롭게 출범했습니다. 외국 자본이 클럽을 소유하도록 허용하고 선수와 감독 등을 개방해 영국 순혈주의를 벗어나 다양성을 확보했습니다. 자본의 확장성에도 제약을 없앴습니다. 클럽 수를 20개로 제한해 리그의 질적 향상을 추구했으며, 하위권 팀은 하위 리그로 추락하는 긴장감을 유지시켰습니다.

　　운영 방식도 유연합니다. 금요일부터 월요일까지 주 4회 경기로 지속해서 이슈를 만들어냈습니다. 아시아 지역 팬덤을 위해 낮 12시 경기도 있습니다. 그 결과, 프리미어리그 사무국은 영국 스카이스포츠 등과 2025~2026시즌부터 4년간 총 67억 파운드(약 10조 원)의 TV 중계권료 계약에 합의할 수 있었습니다.

　　프리미어리그는 경쟁과 협력으로 판을 키웠고, 개방성을 통해 다양성을 증가시키면서 현재도 진화 중입니다. 스타 플레이어가 마음껏 뛸 수 있도록 '긴장감'을 유발하는 시스템을 통해 고객 경험을 극대화했습니다.

　　그런 의미에서 조직 관점에서는 인사가 중요하고, 인사 안에서도 채용과 문화가 중요합니다. 기본적인 매뉴얼을 만들고, 문화적인 원칙을 세우고, DNA라고 부르는 인재상을 정립해나가야 합니다.

이를 통해 기업이 해야 할 일은 남들 하는 걸 따라 하지 말고 자신만의 조직문화를, 즉 운동장이 기울어지지 않고 선수들이 다치지 않도록 우리만의 그라운드 룰을 만들어나가는 것입니다.

변화는 내부에서 시작한다

　인간은 본능적으로 변화를 거부하는 존재입니다. 학계에서도 변화는 그 자체가 뇌의 저항을 불러일으키는 행위로 여깁니다. 이는 인간이 선사 이래 극한의 자연환경에서 살아남기 위해 정신적·육체적 에너지 사용을 최소화하는 체계를 지닌 영향이라고 해석합니다.

　따라서 조직변화를 도모하는 것은 인간의 전통적인 DNA를 넘어서는 것은 물론, 뇌의 저항도 함께 극복해야 하는 어려운 작업입니다. 스스로 변화를 시도하지 않는 게 인간에겐 최고의 생존 전략이기 때문입니다. 연초마다 운동·금주·다이어트를 결심해도 작심삼일에 머무는 것은 익숙한 것을 놓지 않으려는 본능일 것입니다.

　세계적 경제위기로 인해 기업의 생존을 위해 변화를 넘어 '혁신'의 필요성이 증가하고 있습니다. 혁신(革新)의 뜻은 낡은 가죽을 벗겨내고 새살을 돋게 하는 엄청난 고난을 극복하는 것입니다. 하지만

112

대부분의 기업이 가죽은 그대로 두고 피부에 다른 색만 칠하며 실패를 반복하고 있습니다.

영화 '명량'에서 이순신 장군은 본래 육지전에 쓰던 학익진을 해전에 적용해 왜군에게 승리를 거뒀습니다. 이렇듯 혁신은 과거와의 단절이 필수입니다. 사람들이 '원래 그래', '하던 대로 해', '피곤하게 왜 바꾸려고 해'라고 하는 것을 찾아 혁파해야 변화를 이룰 수 있습니다.

우리가 또한 변화를 수용하지 못하는 이유는 어떤 현상이 오랫동안 지속되면 그것이 관성으로 받아들여지기 때문입니다. 평소와 다른 상황이 생기면 불합리하고 비정상적인 것으로 여기고 저항하게 됩니다.

마찬가지로 조직문화도 직원들의 수용을 통해 생성되는 최종 산물입니다. 조직문화의 변화를 위해서는 장기적 관점에서 조직과 개인의 가치 체계를 어떻게 끌고 나갈지 함께 고민해야 합니다.

조직행동 분야에서 저명한 교수 벤자민 슈나이더(Benjamin Schneider)에 따르면 '조직이 조직 생활에 적합한 구성원을 만들어가는 것이 아니라 구성원들이 조직을 만들어가는 것'이라고 주장했습니다. 그런 의미에서 조직변화를 위해서는 채용 과정에서부터 조직이 추구하는 가치가 반영되어야 합니다. 기존 직원들에게 새로운 가치를 내재화할 수 있는 체계적인 교육 훈련이 반복되어야 합니다. 성과평가와 보상제도 등 HRM(인적자원관리), HRD(인적자원개발) 모든 영역에서 통합적인 변화가 필요합니다.

GE의 전 회장 잭 웰치는 "최소한 1년에 한 번은 설문조사를 통해 구성원의 몰입(engagement) 수준을 파악해야 한다. 조직의 미션과 비전을 이해하고 이를 달성하고자 하는 의욕적인 구성원이 없다면 경쟁에서 승리할 수 없기 때문이다"라고 말했습니다.

전략이나 사업 환경이 아무리 훌륭해도 이를 실행하는 시스템이나 인프라가 지원되지 못하는 기업은 성공하기 어렵습니다. 경쟁 우위 확보를 위해 직원들을 하나로 결집하고, 강한 열정과 에너지를 끌어낼 강력한 조직문화가 필요합니다. 그런 의미에서 최고경영자나 리더는 조직의 거울이라고 볼 수 있습니다.

사람의 뇌에는 '거울 신경세포(mirror neuron)'가 있어서 다른 사람의 행동을 수동적으로 바라보는 데 그치지 않고 그 모습을 '의식' 속에서 '행동'으로 옮기기도 합니다. 조직문화에서만큼은 변화의 시작을 리더들이 솔선수범해야 합니다.

"누가 기침 소리를 내었어", 파격 콘텐츠

대하드라마 '태조 왕건' 속 궁예의 대사가 KBS교향악단 유튜브 콘텐츠에 등장해 큰 인기를 얻은 적이 있습니다. KBS교향악단 공식 유튜브 채널에 올린 '궁예-레퀴엠' 영상이 현재까지 조회 수 132만 회를 넘겼습니다.

영상은 34초 분량으로, 롯데콘서트홀에서 정명훈 지휘로 열리는 기획공연 '2024 마스터즈 시리즈'의 홍보 콘텐츠였습니다. 공연에서 연주하는 베르디의 '레퀴엠' 중 '진노의 날' 도입부 음악에 맞춰 드라마 장면들을 편집해 넣은 영상입니다.

웅장하고 극적인 분위기의 음악과 드라마 속 궁예의 호통에 혼비백산하는 신하들의 모습이 맞아떨어지면서 관객들에게 웃음을 유발합니다.

영상에 담긴 궁예의 대사 "저자의 머릿속에는 마구니가 가득하다", "누구인가? 지금 누가 기침 소리를 내었어?" 등은 드라마 방영 당시에도 크게 유행하며 코미디로 패러디되기도 했었습니다. 보수적인 클래식 음악계에서는 파격 그 자체였습니다. KBS교향악단은 영상 아래에 드라마에서 궁예를 연기했던 배우 김영철의 후원회원 가입을 환영한다는 댓글도 달았습니다.

영상을 만든 KBS교향악단 공연사업팀 소속 서영재 편집자는 "'레퀴엠' 공연이 잡힌 뒤 김영철 배우의 후원 소식을 들으면서 오래전에 봤던 궁예 밈(meme, 인터넷 유행 콘텐츠)이 떠올랐다며, 그 감성을 살려 '진노의 날' 테마에 맞춰 장면을 구성했다"라고 밝혔습니다. 이어 "대중들에게 어렵게 느껴질 수 있는 음악 장르인 클래식을 친근하면서도 전문적인 콘텐츠로 만들려고 고민하고 있다"라며, "보통은 클래식 전문 콘텐츠를 올리지만, '궁예-레퀴엠' 같이 도전적인 콘텐츠도 꾸준히 선보이겠다"라고 전했습니다.

비단 클래식 영역에서뿐만 아니라 유튜브 채널에서도 '충주맨' 이나 '소방관 삼촌', '한국철도TV' 등이 기존 관공서의 이미지를 깨고 새로운 변화를 시도했습니다. 하루하루 생존을 위해 살아가야 하는 조직 입장에서 시사하는 바가 크게 다가옵니다. 외부 글로벌 컨설팅 그룹 같은 곳에서 우리 조직을 변화시켜주기를 기대하는 것이 아니라, 조직 내 직원들 스스로 자각하고 변화의 선두에 서야 할 것입니다.

누군가는 선(線)을 넘어야 한다

직장 생활을 하다 보면 업무나 프로젝트 진행이 막힐 때가 종종 있습니다. 그런 경우 관행에 휩싸여 있으면 해결책을 찾기 힘듭니다.

누군가는 '선(線)'을 넘어야 하는 상황이지만, 서로 눈치만 보다가 골든 타임을 놓치기 일쑤입니다. 발전하는 조직은 실패를 두려워하지 않고 항상 열린 마음으로 새로운 시도를 하는 조직입니다.

배면뛰기 창시자
포스베리

배면뛰기의 창시자 딕 포스베리(미국)가 작년 76세를 일기로 세상을 떠났습니다. 세계육상연맹은 높이뛰기의 새로운 지평을 연 전설적인 선수였다며 고인을 기렸습니다.

포스베리는 높이뛰기에 혁명을 가져왔습니다. 그는 1968년 멕시코시티 올림픽 남자 높이뛰기에서 2m 24를 넘어 올림픽 신기록과 세계 2위 기록을 동시에 달성하며 금메달을 목에 걸었습니다.

이전까지 높이뛰기 기술은 도움닫기 후 허공을 달리는 듯한 가위뛰기, 다리를 띄워 바와 복부가 마주하는 스트래들 점프였습니다. 그런데 포스베리는 도움닫기 후 등이 바를 바라보며 넘는 배면뛰기를 시도했고 금메달을 따며 전 세계에 눈도장을 찍었습니다.

이는 그의 이름을 따 지금까지도 '포스베리 플롭'으로 불립니다. 그 후 배면뛰기가 보편적인 기술이 되었고 세계육상연맹은 "높이뛰기의 역사는 포스베리가 배면뛰기를 시도한 1968년 전과 후로 나뉜다"라고 말합니다.

플립 턴(flip turn)의
효과

수영 선수들이 동시에 물살을 가르는 모습은 아름답기까지 합니다. 많은 기술 중에서도 다리로 벽을 힘차게 차고 도는 턴에서 순위가 바뀌기도 하기에 더욱 경기를 흥미롭게 만듭니다. 이를 전문용어로 '플립 턴(flip turn)'이라고 부릅니다.

플립 턴은 물속에서 앞으로 공중제비 돌듯이 돌며 벽면을 발로 차고 나가는 턴을 의미합니다. 지금은 너무나 당연하지만 1930년대에서야 처음 시도되었습니다. 당시 선수들은 모두 손으로 벽을 짚고 턴을 했는데, 한 선수가 플립 턴을 통해 우승한 이후 대중화되었습니다. 한 바퀴 몸을 돌려 발로 벽을 터치하며 엄청난 가속 효과를 얻었기 때문입니다. 실제로 100야드 배영 경기에서 '마의 1분' 벽이 처음 깨진 것도 플립 턴 기술의 등장 이후입니다.

남들과 똑같은 상품과 서비스로 경쟁하려면 남과는 다른 차이점이 있어야 합니다. 플립 턴과 같은 발상의 전환은 새로운 영역을 창조하고, 이기는 게임(winning game)을 가져옵니다.

아이폰을 탄생시킨 스티브 잡스도 평소 차별화(difference), 창조(creation), 혁신(innovation), 개혁(reform) 등의 단어를 자주 사용했다고 합니다. 우리 조직도 예전부터 해오던 익숙한 방법으로 근근이 버티는 건 아닌지 되돌아봐야 합니다.

흔히 삶을 살아가는 과정을 '길을 걷는 것'에 비유하기도 합니다. 세상에는 수많은 길이 있지만, 처음부터 길은 아니었습니다. 누군가가 목적을 갖고 처음으로 길을 열었고, 다른 사람들이 모여 오솔길이 되고, 그 후 넓어진 길을 닦아 큰길이 됩니다. 누구도 밟지 않은 초행길에서 '길을 만드는 사람'은 그래서 항상 외롭고 불안합니다. 하지만 아무도 시도하지 않은 것을 하며 위기를 극복한 사람만이 '길을 만드는 사람'으로 명명될 수 있습니다.

우리나라는 우수한 인재, 근면성, '빨리빨리' 문화 등으로 그동안 '빠른 추격자' 전략을 통해 '한강의 기적'을 이루었습니다. 문제는 지금입니다. 이제 더는 '빠른 추격자' 전략은 통하지 않습니다. 임금, 근로 시간 모두 선진국 수준이 되면서 생산성과 원가·시간 경쟁력을 잃었기 때문입니다. 심지어 대기업 초임은 경쟁국인 일본보다 높아진 지 오래입니다. 새마을 운동을 기회로 잘살아보자며 몸 바쳐 일하던 시대는 지났습니다. 앞으로는 모든 산업에서 '시장 선도자', 즉 '퍼스트 무버' 전략이 필요합니다. 시장을 선도하는 혁신의 방향성과 전략성이 중요해졌습니다.

'완벽주의'보다 '일단 실행'

세상의 변화 속도가 무섭습니다. 탈 벤 샤하르 미국 하버드대 교수는 『완벽의 추구』라는 저서에서 현대인들이 행복하지 못한 이유가 완벽함에 대한 걱정과 강박 때문이라고 지적했습니다. 지나친 완벽 추구가 현재의 성과에 만족하지 못하고 목표 달성 과정의 즐거움과 의미를 상실하게 한다는 것입니다.

모든 일은 타이밍이 중요합니다. 그런데 조직 내 많은 사람이 이런저런 핑계부터 대면서 미루는 경향을 보입니다. '예전에는 잘 안된 방법인데?', '다음 기회에 시도해봐야지' 등 끊임없이 미룰 수밖에 없는 핑계를 찾곤 합니다.

이렇게 갇힌 사고로는 시장을 선도할 수 없습니다. 성공은 1%의 영감과 99%의 노력으로 이뤄진다는 말이 있습니다. 영감은 방향을 깨우쳐주는 것이지, 구체적인 행동 방식을 알려주는 것은 아닙니다.

누군가는 선(線)을 넘어야 한다

새로운 기술이든 상품과 서비스든 좋은 아이디어가 떠오르면 완벽하지 않더라도 실행하고 조금씩 다듬어나가는 습관이 개인과 조직 성공의 길에 더 가까이 갈 수 있도록 합니다.

그리고 누군가가 용기를 내어 새로운 시도를 한다면 질투로 뒷다리를 잡는 것이 아니라 함께 일하는 동료로서 진심으로 응원하는 팀워크를 발휘해야 할 것입니다.

주인이 되어야 주인의식이 생긴다

직장 생활을 하다 보면, 시니어급 직원들이 최근 들어 가장 많이 하는 말이 "요즘 애들은 주인의식이 없어"인 것 같습니다. 만약 그렇게 이야기한다면 MZ세대 직원으로부터 "대체 누가 주인인데요?"라는 대답이 돌아올 수 있습니다.

보통 '주인의식'은 대체로 간부급, 즉 팀장급 이상부터 본격적으로 생기곤 합니다. 무엇보다 임원급에게는 '주인의식'이 가득한 경우가 대부분입니다. 임시직이기에 매년 성과평가를 통해 재계약이 되는 구조가 이유일 것입니다. 하지만 현실은 0.8%만 대기업 임원이 됩니다.

젊은 직원과 간부급 직원 사이에 세대 차이, 시대 차이, 권력의 차이, 정보의 차이에서 오는 괴리감이 분명 있습니다. 간부급은 자신의 철학을 젊은 직원에게 테더링하고 싶어 합니다. 하지만 일반 직원들은 "전 0.8%가 아니거든요, 급여도 적구요"라고 조용히 외칠 것입니다.

> 주인은 스스로 일하고 머슴은 누가 봐야 일한다.
> 주인은 미래를 보고 머슴은 오늘 하루를 본다.
> 주인은 힘든 일을 즐겁게 하고 머슴은 즐거운 일도 힘들게 한다.
> 주인은 내일을 위해 오늘의 고통을 참고 머슴은 내일을 위해 오늘의 고통을 피한다.
> 주인은 소신 있게 일을 하고 머슴은 남의 눈치만 본다.

인터넷에 있는 '머슴과 주인의 차이' 시리즈의 일부 내용입니다. 어찌 보면 관리자 관점에서 젊은 직원들을 평가절하하는 것 같기도 합니다.

이 글을 보면서 없던 '주인의식'도 생기는 사람은 없을 것입니다. 스스로 느끼지 못하는 것은 타인의 강요로 생기지 않습니다. 조직에서 아무리 주인의식을 강조해도 '주인의식'을 '주인을 의식하는 것'쯤으로 여기고 말 것입니다.

'회사의 주인'
아닌
'일의 주인'으로

워라밸 시대, 일과 삶을 분리해 '회사의 주인'이 아닌 '나의 주인'으로 살아가는 삶의 한 형태가 트렌드가 되었습니다. 젊은 직장인에게 '주인의식'을 강요하고 싶다면 회사가 아닌 개인이 맡은 일에 초점을 맞춰야 합니다.

평생 다닐 회사라고 생각하지 않기에 회사는 내 능력을 기반으로 일을 나누러 온 곳이기 때문입니다. 거추장스러운 주인의식보다 오히려 '프로의식' 동기부여가 필요합니다.

그들의 장점에 집중해서 프로다운 '주인의식'을 가질 수 있도록 격려해야 합니다. MZ세대가 어쩌고 하면서 뭐라고 할 게 아니라, 그들에게 '일에 대한 만족'을 주면 조직은 자연스럽게 득이 됩니다. '나의 주인'이 되어서 내 일을 통제하는 '일의 주인'으로 키우는 게 오히려 현재 시대에 회사의 현명한 선택일 것입니다.

주인의식은
조직이 만들어내야 하는
결과

　　　　　　　　직장인에게 주인의식이란 회사가 만들어내야 하는 '결과'일 것입니다. 나이와 상관없이 직장인 스스로 자기 일에 대해 통제권을 가질 수 있는 기업문화를 조성해야 합니다.

　니체에 따르면, 주인의식은 스스로가 삶의 주인으로서 가치평가를 할 수 있는 것을 말합니다. 헌신하고 순종하는 것이 아니라 자신의 욕망에 귀 기울이고 자기 극복을 통해 삶을 조형하려는 강한 의지의 소유자야말로 니체가 말하는 '좋은 인간'에 해당하기 때문입니다.

　자기 주도적으로 일하고 조직의 목표와 업무에 대해 주인의식을 가졌을 때 담당한 업무에만 종속되는 것이 아니라 삶의 주인으로 거듭날 수 있습니다. 물론 경제적인 고도성장기가 끝나서 그 과실이 많아지지 않는 요즘은 열정과 주인의식 부족이 당연한 시대이기도 합니다.

　한편으로 '주인의식'은 주인은 아니지만, 주인에 버금가는 마음가짐으로 일하는 것을 말합니다. 하지만 소수의 직원은 주인인 양 회사 비용을 불법적으로 사용하는 등 여러 가지 문제를 초래합니다. 주인의식을 가지라고 했더니 잘못된 주인 행세를 하는 것은 경계해야 합니다.

직장인들은 '주인의식'을 겸비해 '주인다워야' 합니다. 주인답다는 것은 우선, 주인의 것과 내 것을 구분할 줄 알아야 합니다. 주인의 것을 내 것처럼 아껴야 합니다. 주인이 자리를 비워도 평소같이 행동해야 합니다. 그래야 주인에게 당당하게 자신의 몫을 요구할 수 있습니다. 물론 주인다워야 하지만 여전히 주인은 아닐 겁니다. 그래서 계약 관계라는 것을 명심할 필요가 있습니다. 애사심은 주인의식의 대표적인 행동양식입니다. 사랑하는 마음이 있어야 변화되기 때문입니다.

하지만 애사심은 맹목적 순종이 아니라 회사를 회사로 인정하고 그 속의 나 자신을 바로 세우는 일이기도 합니다. 나의 역할에 충실하고 동료들과 협업하며 회사와 공생하는 공동체 관계를 형성해나가야 합니다. 그래야 진정 떳떳한 '주체'가 될 수 있습니다.

회사는 직원들에게 무리하게 주인이 되라고 강요할 수 없습니다. 주인의식을 요구하는 것도 그들의 자율성을 인정할 때 가능합니다. 직원들을 수익 창출의 도구로 여긴다면 직원들도 그런 관계를 금방 알게 됩니다. 직원들을 통해 진정 회사가 성장하길 원한다면 그들의 능력을 인정하고 권한을 확장해나가야 합니다. 그러한 노력 없이 직원들의 자발적인 주인의식은 공염불에 불과합니다.

그런 의미에서 권력과 돈의 흐름이 주인과 주체를 구분하는 기준이 되면 안 됩니다. 직원이라는 주체는 회사라는 주인이 없으면 존재할 수 없으며, 회사라는 주인도 직원이라는 주체가 없이는 단 하루도 존재할 수 없습니다. 그렇기에 그 둘은 동등하고도 개별적입니다. '따로 또 같이'라는 가치가 필요합니다.

　주인은 주체를 내 것으로 여겨서는 안 되며, 반대로 주체는 주인을 내 것처럼 여겨서는 안 됩니다. 진정한 주인의식은 주인을 주인답게, 주체를 주체답게 여길 때 발현되는 상호 존중의 가치관이라는 점을 기억해야 할 것입니다.

미드필더(midfielder) '링커(linker)'의 힘

　직장 생활을 하다 보면 리더급과 실무자들을 연결해주는 중간 라인이 가장 중요하다는 생각을 많이 하게 됩니다. 부서마다 리더급과 젊은 직원들 사이에서 완충작용을 하는, 축구로 치면 공격수와 수비수 사이 미드필더층이 탄탄한 조직은 성과도 탁월하기 때문입니다.

　축구에서 미드필더(midfielder)는 공격수와 수비수 사이에서 플레이하는 선수입니다. 역할은 태클 등을 통해 상대편의 공을 빼앗아 우리 편의 볼 점유율을 높이는 것입니다. 그리고 공을 공격수에게 전달하거나, 간혹 직접 득점을 올리기도 합니다.

　훌륭한 미드필더는 전투적이면서 동시에 창의적이어야 합니다. 가장 많이 에너지를 소비하기에 기초 체력도 탄탄해야 합니다. 세계적으로 압박축구가 대세가 되면서 다른 포지션의 선수들보다 경기의 승패에 직접적인 영향을 미치고 있습니다.

이런 미드필더가 조직에서는 리더급과 실무자를 연결해주는 조연급인 '링커(linker)'입니다. 때로는 '중간 관리자'로 불리기도 합니다. 어떤 조직에서는 부서 내의 주무로 불릴 수도 있을 것입니다. 군대로 치면 상병 정도라고 해도 무방할 것입니다. 중간 허리 라인이 튼튼하면 어떤 프로젝트도 쉽게 갈 수 있습니다. 아래와 위를 연결해주는 브릿지 역할을 통해 신구세대 사이에서 시너지가 날 수 있도록 중간 역할을 해주기 때문입니다. 한국에서만 공식적으로 약 300만 명, 비공식적으로는 700만 명으로 조직 내에서 숨은 '조정자' 역할을 수행하고 있습니다.

이들 링커는 팀장이나 임원처럼 특정 직책은 아니지만, 의사 결정에 큰 영향력을 미칩니다. 팔로워처럼 다수는 아니지만, 우리 몸의 척추와 같이 조직의 중심을 유지시킵니다. 하지만 실제 조직에서는 링커의 직급이나 업무 경계가 모호한 경우가 많고, 특별한 연구 결과도 거의 없습니다. 링커 본인 역시도 인지하지 못하는 경우가 많기 때문입니다.

최근 링커십 관련 저서에서는 최고의 링커가 되기 위한 6가지 원칙, 즉 '능수능란한 경청가', '중재적인 통역자', '관계 경영자', '지식의 중재자', '평가적인 반대자', '중립적인 응원자'를 제시하기도 했습니다.

특정 조직이 최고의 리더와 최고의 팔로워들로 구성되었는데 실패한 경우를 분석했더니 공통점이 있었습니다. 그건 바로 '링커', 즉 조직을 유연하게 하고 브릿지 역할을 하는 중간 관리자의 부재였습니다. 링커는 리더에게 신뢰를 주는 참모이자 속 깊은 얘기를 나눌 수 있는 동지입니다. 팔로워에게는 또 다른 스타일의 중간 관리자이자 리더의 부족한 2%를 채워주는 지지자입니다. 때로는 팔로워들을 대표해 리더에게 직원들의 정서를 전달하는 대변인입니다. 리더가 어려운 프로젝트를 두고 고민할 때 솔루션을 제시하고, 팔로워의 개인적인 고민을 파악하여 애사심을 높이도록 도와줍니다. 링커는 조직의 안정과 성장에 기여하는 핵심 인력입니다.

하지만 이렇게 완벽한 능력을 갖춘 링커를 찾기는 어렵습니다. 보통 고참 대리에서 차장까지 전국에 최소 300만 명이 넘을 것으로 추산되는 링커들의 속사정은 각기 다르기 때문입니다. 책임만 있고 권한은 없으며, 임원이나 부서장에게 눌리고 젊은 직원들에게 치인다고 생각합니다. '누가 고생한다고 인정하나? 무슨 부귀영화를 누린다고 내가 나서서 고생하냐?' 이런 마인드를 가질 수도 있을 것입니다.

하지만 링커는 리더와 팔로워만큼이나 존재 가치를 인정해야 합니다. 팔로워에서 올라와 애매한 위치에 있는 링커에게 맞춤식 교육을 하고, 일정한 권한을 부여하며 차세대 리더군으로서 집중적으로 육성해야 합니다.

우리가 조직 생활을 하다 보면 혼자는 어렵지만, 누군가 든든한 지원자가 있다면 회사 생활을 할 맛이 나곤 합니다. 임원진과 부서장급이 챙기지 못한 빈틈을 링커들이 단단히 연결해주는 조직은 공동의 목표 달성은 물론, 개인들도 비약적인 성장을 할 수 있습니다. 우리 조직에 링커가 있는지, 어느 정도 규모인지에 대한 고민을 통해 그들의 역할을 정의 내리고 조직과 개인 사이의 리베로처럼 윤활유 역할을 할 수 있도록 장려해 나가야 할 것입니다.

독특한 조직문화에 앞서 기본이 중요하다

    건강한 조직문화를 위해서는 독특한 조직문화에 앞서 기본이 가장 중요하다고 생각합니다. 직원들이 자유롭게 일을 할 수 있는 최소한의 안전장치가 마련되어 있어야 합니다. 하지만 안타깝게도 최근 언론 등을 통해 직장 내 다양한 유형의 괴롭힘으로 인해 자살까지 이르는 등 그 피해가 도를 넘고 있습니다.

    대기업, 중소기업 등 기업 규모나 업종을 떠나 이런 사례는 조직문화를 해치고 있습니다. 건강한 조직문화를 만들어가기 위해서는 엄청난 시간과 노력이 필요하지만, 무너지는 것은 한순간이기 때문입니다. 그래서 직장 내 괴롭힘에 대해서는 꼭 한번 짚어볼 필요가 있습니다.

    '직장 내 괴롭힘'에 대해서는 근로기준법 제76조의2에 '사용자 또는 근로자는 직장에서의 지위 또는 관계 등의 우위를 이용해 업무상 적정범위를 넘어 다른 근로자에게 신체적·정신적 고통을 주거나 근무 환경을 악화시키는 행위를 해서는 아니 된다'라고 적시되어 있습니다.

법은 2019년 하반기부터 시행되었습니다. 시행 후 얼마 지나지 않아서 코로나19로 인해 비대면 업무가 증가했고, 직장 내 회식도 많이 줄었습니다. 2022년 하반기부터 비대면 업무에서 대면 업무로, 그리고 회식이 늘어나면서 직장 내 괴롭힘 사건이 증가하고 있습니다.

통계를 보면 직장 내 괴롭힘은 업무 시간과 회식 장소에서 많이 일어나고 있었습니다. 업무 시간 중 상사의 폭언, 회식 장소에서 술 강요 등 업무상 관련성이 없거나 적정범위를 넘은 사례가 많아지고 있습니다. 직장 내 괴롭힘은 크게 3가지 요건을 충족해야 합니다.

첫 번째로 우위성이 있어야 합니다. 일반적인 직급상의 우위뿐 아니라 정규직과 계약직, 조합원과 비조합원, 개인 대 집단, 인적 속성(연령, 학벌, 성별, 출신 지역) 등 관계상의 우위성이 성립돼야 합니다.

두 번째로 업무상 적정범위를 넘어야 합니다. 적정범위를 넘은 것으로 인정되기 위해서는 문제가 된 행위가 사회 통념상 업무 관련하여 필요한 것이 아니었거나 업무상 필요성이 인정되더라도 사회 통념상 적절하지 않을 때 성립됩니다. 예를 들어 폭행·협박하는 행위, 사적 용무 지시, 업무수행 과정이나 회식 자리에서 의도적인 배제, 업무와 무관한 일의 반복적 지시, 과도한 업무 부여 등의 경우가 이에 해당합니다.

마지막으로 신체적·정신적 고통을 주었거나 근무 환경이 악화해야 합니다. 근로자가 제대로 업무를 수행할 수 없는 환경에서 근무시키거나 행위자의 의도와 관계없이 그 행위로 인해 신체적·정신적 고통을 느꼈거나 근무 환경이 예전보다 나빠진 경우입니다.

하지만 직장 내 괴롭힘 사건의 큰 특징 중 하나가, 객관적인 증거가 거의 없다는 점입니다. 종종 통화 녹음 파일이나 신고인이 상당히 오랫동안 쓴 일기 등도 있긴 하지만, 현실적으로 증거로 인정되기가 힘듭니다. 이 때문에 신고인과 참고인 및 행위자의 진술이 얼마나 일관되고 신빙성이 있는지에 따라 직장 내 괴롭힘 성립 여부를 판단하게 됩니다.

회사에서는 괴롭힘이 발생하면 가정 먼저 신고인과 피신고인을 분리 조치해야 합니다. 이때 신고인의 의사가 제일 중요하며 철저하게 신고인 중심으로 이뤄져야 합니다.

세대 간 배려도 매우 중요 합니다. 조직 내 세대 간의 갈등 속에서 많이 일어나기 때문에, 배려와 소통만이 직장 내 괴롭힘을 막을 수 있습니다.

괴롭힘을 경험한 근로자 중 '참거나 모른 척했다'라고 답한 근로자 비중이 꾸준히 늘어나고 있습니다. 신고해도 나아지지 않고, 향후 인사 등에서 불이익을 걱정해서입니다. 최근 시민단체 '직장 갑질 119'에 따르면 직장 내 괴롭힘에 대해 직장인 1,000명을 대상으로 실시한 설문조사에서 응답자 중 28%가 직장 내 괴롭힘을 당한 경험이 있다고 답했습니다.

직장 내 괴롭힘 금지법 5년,
근로자 10명 중 7명은
'괴롭힘 참는다'

괴롭힘을 당한 경험자(280명) 대상으로 괴롭힘을 당했을 때 향후 조치 조사 결과 '참거나 모른 척 했다'가 73.2%로 가장 높게 나타났습니다. 안타까운 현실입니다. 세부 내용으로는 '대응을 해도 상황이 나아질 것 같지 않아서'(68.4%)가 가장 많았고, '향후 인사 등에 불이익을 당할 것 같아서'(21.2%) 등으로 나타났습니다.

현행법상 직장 내 괴롭힘이 발생하면 회사가 조사해서 자체 징계하도록 규정하고 있습니다. 하지만 상사인 경우가 많고, 회사가 가해자의 편에 서는 경우가 많으며 회사가 조사해서 처벌하도록 하다 보니 피해자의 심적 부담감이 더 클 수밖에 없습니다.

이를 해결하기 위해 조직 내 리더들은 경영혁신이나 즐거운 조직문화에 앞서 조직 내 기본적인 직원 인권 보호 시스템이 잘 정비되어 있는지 살펴보고 개선해나가야 할 것입니다.

독일 메르켈 총리의 무티 리더십

앙겔라 메르켈은 독일 최초의 여성 총리였습니다. 양자물리학을 연구한 물리학 박사 출신으로, 헬무트 콜 전 총리에게 발탁되면서 정계에 발을 들였습니다. 2005년부터 2021년까지 4번 연속 집권하면서 16년간 총리로 재임했습니다. 메르켈 총리 재임 중 태어난 독일의 청소년들은 그녀가 종신 총리인 줄 알았다는 우스개가 있습니다.

그녀는 진보주의와 보수주의 어느 쪽으로도 치우치지 않았습니다. 서독에서 태어나 동독에서 자란 메르켈은 양쪽 스펙트럼을 같이 보면서 진정한 통일국가를 만들기 위한 훌륭한 중재자였습니다.

메르켈리즘으로 불리는 메르켈 리더십은 실용주의, 신중함, 용의주도함, 타협, 도덕적 가치로 특징지어집니다. 독재정권으로부터 신중함을, 과학에서 느림을 배웠습니다.

그녀는 재정, 경제, 기후를 비롯해 테러, 난민, 보건, 지정학 등 일련의 위기 속에서 새로운 리더십을 보였고 세계 4위, 유럽 1위의 강대국 대열에 올려놓았습니다.

메르켈의 이름은 독일에서 동사로 쓰이기도 했습니다. '메르켈하다'라는 말은 한 걸음씩 앞으로 나아가 눈에 띄지 않게 목표에 도달한다는 뜻이었습니다. 겸손과 배려의 리더십을 몸소 보인 것입니다.

메르켈은 군중을 휘어잡는 능력은 다소 부족하다는 평가를 받은 적이 있습니다. 하지만 그녀는 개별적 대화를 추진하고 전화나 문자를 통해서 진정성 있게 접근하여 상대의 마음을 얻었습니다. 또 그녀는 국가를 위한 정책이라면 반대파의 정책도 과감히 수용했습니다. 일반 정치인처럼 물질적 가치, 명예, 권력에 집착하지도 않았습니다.

그녀가 16년간 한 자리를 지킨 것은 '화합형 리더'였기 때문입니다. 그녀는 정당이 아닌 정책에 집중했습니다. 독일 정치를 정책 토론장으로 바꿔놓고, 소속당을 떠나 동료 정치인들의 협조를 이끌어 냈습니다. 그런 의미에서 '무티(엄마) 리더십'은 메르켈에게 붙여진 최고의 찬사였습니다. 소탈하고도 인간적인 면모로 대중에게 다가 갔습니다.

멋진 말을 남기지는 않았지만 멋진 행동을 보여주었다.

- NYT

참모 중에 아첨꾼은 없었다. 누구나 메르켈을 비판할 수 있
었다.

- 메르켈 측근 참모

인기와 칭찬에 연연하지 않고 경청과 인내, 설득으로 성과를
도출해냈다.

- 유럽 언론

독일인들은 거울을 들여다보는 사람이 아니라 자신들의 문제
를 살펴보는 사람을 원했다. 메르켈은 자신에게 초점이 집중
되지 않는 정치 스타일을 완벽하게 만들었다.

- 독일 정치인

이런 리더십은 '독일 통일의 날' 제31주년 기념 연설에서도 잘 나
타납니다.

우리에게 민주주의가 필요한 것처럼, 민주주의도 우리를 필
요로 합니다. 민주주의는 그냥 거기에 있는 게.아니라, 우리
가 매일 민주주의를 위해 노력해야 합니다. 우리는 이기적이
지 않은, 타인에게 해를 끼치지 않는, 모두가 행복한 민주주의
를 원합니다. 그런 민주주의는 처음부터 그렇게 존재하는 것

이 아니라, 우리 스스로가 만들어가야 합니다. 모두가 행복한 민주주의는 경청, 소통 그리고 합의라는 숙의의 과정을 통해 서만 가능합니다.

통 큰 통합과 연대의 정치로 '코끼리 결혼식'으로 불리는 대연정, 즉 중도우파 기민기사당(CDU/CSU), 중도좌파 사민당(SPD)과 연합정 부를 세 번, 12년 동안 꾸렸습니다. 정파보다도 중도 정치로 업적을 만들어가며 정치를 실적으로 입증했습니다. 개인소득이 약 5만 달 러로 130% 이상 성장했고, G7 중 가장 행복한 국가로 도약시켰습 니다.

메르켈 리더십 중 빼놓을 수 없는 것이 '청렴'과 '솔선수범'입니다. 세금을 한 푼도 허투루 쓰지 않았습니다. 총리 재임 16년간 관사가 아닌 개인 임대 아파트에서 출퇴근하고 주말이면 마트에서 일반 시민 처럼 장을 보고 요리했습니다. 아파트 전기세와 수도세를 남편과 나 누어 냈으며 별도 특활비도 없었습니다. 깨끗한 정치로 부정부패를 유발하는 패거리 정치가 없어지자, 국민 전체가 그 혜택을 보게 됩니 다. 결국 16년 동안 메르켈은 자신은 물론 친인척 등 단 한 건의 스 캔들도 없었습니다. 그녀는 인기와 칭찬에 연연하지 않았으며 화려 한 수사 대신에 결과를 내는 실천에 집중했습니다.

나는 과학자예요. 문제들을 가장 작게, 가장 잘 관리할 수 있는 부분들로 쪼개는 것을 좋아해요.

경청과 포용의 리더십은 국제 정치 무대에서도 유감없이 발휘되었습니다. 특히 푸틴과 도널드 트럼프 등 권위주의 지도자들과 밀당(?)을 하며 세계가 존중해야 할 규칙과 가치를 지켜냈습니다.

그녀의 퇴직 인사의 변은 다음과 같습니다.

잠을 푹 자고 느긋하게 아침을 먹을 겁니다. 그리고는 신선한 바람을 쐬러 외출하고 남편이나 친구들과 수다를 떨 것입니다. 극장에 가거나 오페라를 보러 가거나 콘서트에 갈지도 모르겠네요. 시간이 있으면 좋은 책을 읽을 겁니다. 그리고 저녁을 차릴 거예요. 나는 요리하는 걸 좋아해요!

메르켈은 한편으로 과감한 실행력을 보였습니다. 지지율 악화를 견디며 난민 100만 명 수용을 결정했고, 결국 117만 명을 받아들였습니다. 그녀는 "전쟁으로 어쩔 수 없이 떠나야 했던 사람들을 거부한다면 독일은 더는 나의 조국이 아니다"라며 국민에게 진심으로 호소했습니다. 이를 통해 다소 지지율은 떨어졌지만, 국제사회에서 도덕적 권위는 올라갔습니다.

이뿐만 아니라 2013년 8월에는 역대 총리 가운데 처음으로 뮌헨 다하우 강제수용소를 방문해 홀로코스트 희생자들을 위로했습니다.

정치가였지만 정파를 떠나 끊임없이 소통하려 했던 메르켈 총리를 보며 리더십 관점에서 배울 점이 많을 것 같습니다.

　　타임지는 그런 그녀를 2015년 올해의 인물로 뽑았습니다. 그녀는 퇴임 직전 75% 넘는 지지율을 기록하며 레임덕이 없는 리더로서 영원히 우리 마음에 남게 되었습니다.

에드거 샤인의 조직문화 정의

'기업문화의 아버지'로 불리는 에드거 샤인이 말하는 조직문화의 3단계는 다음과 같습니다.

1단계: 인공물(artifacts)

'인공물(artifacts)'이란 조직 내에서 외부에 보여지는 것으로, 가시적이고 쉽게 인식할 수 있는 요소를 말합니다. 보고 듣고 느낄 수 있는 인위적인 것들이며 조직구조 및 프로세스, 관례적 의식, 의사 결정 체계, 직무 체계, 문서화된 제도, 드레스 코드 등의 규정을 포함합니다. 이러한 인공물(artifacts)은 외부에서 쉽게 관찰되며, 조직문화의 표면적 특징을 나타냅니다.

에드거 샤인의 책 『기업문화 혁신전략』에 따르면 인공물에 표현된 보다 깊은 의미와 가치들을 이해하기 위해서는 보다 근본적인 수준인 '가치'와 '암묵적 가정'을 함께 고려해야 한다고 말합니다.

2단계: 표방하는 가치(espoused values)

여기서 말하는 '가치'는 조직 내부에서 공식적으로 선언되거나 강조되는 가치 체계를 말합니다. 조직이 원하는 이상적인 가치이자 공식화된 가치 체계이며 외부에 공개되어 회사 홈페이지, 문서, 회사 정책 등을 통해 알려집니다.

에드거 샤인은 조직 내 가치나 원칙, 윤리 그리고 비전에 대한 정보는 직원들과 대화를 통해 확인하거나, 사내 소개 자료, 서류 등을 통해 알 수 있으며 모든 곳에는 기업문화와 같은 근본적인 가치들이 담겨 있다고 보았습니다. 이처럼 표방하는 가치(espoused values)는 조직이 명시적으로 언급하고 공식화한 가치로 흔히 회사의 미션, 비전, 윤리 강령 등으로 나타납니다.

하지만 이러한 가치들이 실제 직원들의 행동과 의사 결정에 직접적으로 영향을 미치는 것은 아닙니다. 외부에 보여지고 공식적으로 언급되지만, 그것이 조직 내부 직원들에게 내재화되었는지는 알 수 없습니다. 즉, 조직의 인공물(artifacts)이 문화의 표면적인 측면을 나타내고, 그다음으로 가치들이 나타나지만, 실제 깊은 가정에 뿌리를 둔 행동과 의사 결정에 직접적인 영향을 주는지 여부는 확인이 힘듭니다. 그렇기 때문에 조직문화를 정확하게 이해하려면 인공물 (artifacts)과 가치(espoused values)뿐만 아니라, 암묵적 가정을 연계하여 (underlyingassumptions) 고려해야 합니다.

3단계: 암묵적 가정(underlying assumptions)

암묵적 가정은 직원들이 의식적으로 말하거나 공식적으로 정의하지 않더라도 그들이 공유하고 있는 가치, 믿음, 신념 등을 말합니다. 이러한 가정들은 조직문화의 근본을 이루며, 직원들의 행동과 의사결정에 큰 영향을 미칩니다.

에드거 샤인은 암묵적 가정에 대해 이해하려면 조직의 역사를 봐야 한다고 주장했습니다. 조직의 역사에서 성공을 이끌어낸 설립자들의 가치와 신념, 가정들을 살펴보면 문화의 근본적인 요소를 파악할 수 있기 때문입니다.

그에 따르면, 조직의 성공과 문화 형성의 핵심 요소는 리더(설립자)의 가치와 신념을 기반으로 합니다. 초기에는 기존 직원들이 신규 직원에게 자신의 가치와 신념을 전파하면서 조직이 성장하게 됩니다. 이러한 과정에서 설립자들의 가치와 신념이 자연스럽게 학습되고, 필수적이고 옳은 요소로 인식되어, 모든 직원이 종국에는 무의식적으로 공유하게 됩니다. 이러한 단계를 통해 문화의 근본적인 요소를 파악할 수 있으며, 특정 행동이 어떻게 발현되는지 이해할 수 있게 됩니다.

조직과 직원은
상호불가분의
관계

　　　　　　　　　조직 내 리더들은 3가지 요소
에 대해 불일치되는 부분들을 지속해서 찾아내고 개선하려는 노력
이 필요합니다. 또한 3가지 요소들이 직원들의 행동과 의사 결정에
어떤 영향을 미치는지를 고려하여 행동 변화를 유도하고, 핵심 가치
에 따라 행동할 수 있도록 지원해야 합니다.

　조직과 직원은 상호불가분의 관계에 있습니다. 예측이 어렵고
복잡한 외부 환경 속에서 지속해서 성장하기 위해서는 그 누구에게
도 완벽한 정답이 있지 않기에, 변화는 조직과 구성원이 '함께' 만들
어가야 합니다. 바깥면(인공물)의 변화가 아니라 '기본적 가설(basic
assumptions)'의 변화를 조직과 구성원이 함께 공유할 때 성장 가능
성이 커집니다. 핵심은 바로 직원들의 자발적인 참여로 도출한 결과
를 실제로 실현하는 것에 있습니다.

　하지만 이것이 조직 입장에서 '직원들이 알아서 하게 맡겨두어도
되는가?'에 대한 의문이 생길 수 있습니다. 이는 맥그리거의 'X이론'

에서처럼 인간은 원래 일하기 싫어하고, 자신의 이익을 위해서만 움직인다는 시각이 반영된 것입니다.

그러나 인간은 기본적으로 선한 목적에 따른 자아실현을 추구하고, 이를 위해 다른 사람들과 협력하는 존재라고 인식해야 합니다. 기존의 고정된 가치관을 버리고, 직원들의 자아실현과 협력을 조직 내에서 어떻게 잘 실현할 수 있는가에 대한 진심 어린 고민만이 개인과 조직의 성장을 가져올 것입니다.

PART 4

리더의 역할이
9할?

리더 편

리더는 조직문화의 창조자이자 수호자

조직문화에 가장 중요한 역할을 하는 사람은 리더라고 생각합니다. 왜냐하면 일반 직원들이 변화를 도모하기에는 한계가 명확하기 때문입니다. 리더는 좋은 조직문화의 마중물이 되어야 하며 든든한 수호자가 되어야 합니다. 그런 의미에서 리더십의 한 명장이 있습니다.

팀보다 위대한 선수는 없다.

(No Players is bigger than the club.)

잉글랜드 프리미어리그 맨체스터 유나이티드의 전성기를 이끈 앨릭스 퍼거슨 감독의 철학입니다. 스포츠를 넘어 모든 조직 경영에 인용되곤 합니다. 선수 경력은 화려하지 않았지만 위대한 감독 반열에 올랐습니다. 맨유는 그가 부임하기 전 25년간 리그 우승이 없었습니다. 하지만 그는 27년간 감독을 하면서 리그 우승 13회를 포함, 38개의 우승 트로피를 들어 올렸습니다.

그는 '토털 사커'를 주창한 리뉘스 미헐스나 '전술 천재' 페프 과르디올라처럼 혁명적 전술을 구사하는 테크니션이 아니었습니다. 그는 팀과 팀워크 그 자체만을 가장 우선으로 생각하는 리더였습니다.

그런 그에게 데이비드 베컴 같은 최고 슈퍼스타도 팀워크에 도움이 되지 않으면 가차 없이 트레이드 명단에 올렸습니다. 맨유를 떠나 잉글랜드 리그를 최고 지위에 올려놓았다는 공로를 인정받아 기사 작위까지 받았습니다. 특히 그가 중요하게 생각한 덕목은 기술이나 인기가 아니라 팀에 대한 지속적 헌신이었습니다.

리더는 활기차고 성과를 내는 조직을 위해 끊임없이 고민해야 합니다. 이를 위해 특히 메타인지, 즉 '자기 객관화'가 잘 되어 있어야 합니다. 나는 어떤 사람인지, 나의 강점은 무엇이지 등에 대해 알고 있어야 합니다. 그리고 그 장점을 이용해서 부서원들에게도 긍정적인 방향으로 동기부여를 해야 합니다. 그러기 위해서는 본인 먼저 자존감을 높여야 합니다. 자신을 존중하고 가치를 인정해서 외부 환경에 흔들리지 않는 자기 정체성이 명확히 서 있어야 합니다.

반면, 비슷한 단어지만 자존심은 타인이 나를 존중해주길 바라는 마음입니다. 자존감과 자존심은 자기 긍정이라는 공통점이 있지만, 자존감은 '있는 그대로의 모습'에 대한 긍정인 데 비해 자존심은 '타인과의 관계나 경쟁'을 중시합니다. 그래서 때로 독선적이고 방어적, 공격적 성향을 갖기도 합니다.

한편으로 자신을 과대평가해 배려나 예의가 없는 경우 자만심이 높다고 표현합니다. 반면 자부심은 자만심과 비슷하지만 부정적이지 않습니다. 개인이나 조직을 자랑스럽게 여기는 긍지이기 때문입니다.

경영 차원에서는, 인간적으로는 자존감이 높고 조직의 일원으로서는 자부심이 있는 사람이 많아져야 합니다. 리더라면 이런 마음이 생길 수 있도록 지속해서 조직을 정비해나가야 합니다.

자만감이 넘치는 직원은 시작은 좋으나 끝이 좋지 않은 경우가 많습니다. 반면 자존감이 높은 직원은 자신의 노력에 따라 성취를 이뤄낼 수 있다는 자기 확신을 가집니다. 회사에 위기가 닥쳐도 흔들리지 않고 최악의 상황에서도 기회를 만듭니다. 고과나 승진 등 당장의 이익에서 멀어져도 받아들이고 남 탓이 아니라 자신의 부족함으로 인정합니다. 그래서 리더는 직원의 자존심을 키워주기보다 자부심과 자존감을 잃지 않게 세심한 배려가 필요합니다. 눈앞의 성과에만 연연하지 않고 길게 볼 수 있도록 앞에서 잘 끌어주어야 합니다.

과거 조직의 목표는 수익 창출과 성장이었고 이에 맞춰 진화해왔습니다. 효율과 속도, 그리고 안정이 가장 중요한 변수였기에 명확한 지시와 통제가 중요했습니다. 그러나 팬데믹과 ESG, AI·디지털화, MZ세대의 출현 및 사회적 가치의 변화로 기업이 추구해야 하는 목적함수와 시대환경이 복잡해졌습니다. 이를 위해 조직의 모습도 기민하게 대응해야 합니다. 앞만 보고 달리기보다 유연성을 통해 직원들 사이에서 시너지가 나도록 촉진자 역할을 해야 합니다.

먼저 조직의 목표를 단순 수익 증대에 놓는 것이 아니라 미래지향적인 가치 창출을 도모해야 합니다. 조직의 가치와 영향을 확대해 가면서 건강한 사회와 환경에도 기여해야 합니다. 조직의 리더는 '담대한 미래'를 제시하고 이를 추진할 용기를 가져야 합니다.

15년 전 넷플릭스는 DVD를 고객의 집으로 배송하는 비즈니스였습니다. 그러나 공동창업자이자 당시 CEO였던 리드 헤이스팅스는 '20년 후의 비전은 영화 제작자와 스튜디오에 독특한 채널을 제공하는 글로벌 엔터테인먼트 유통 회사를 가지는 것'이라고 했습니다.

넷플릭스의 리더와 직원들은 이 대담한 비전과 야망을 회사의 전략과 운영, 문화로 구체화합니다. DVD 배송을 중단하고 스트리밍 서비스를 시작했습니다. 제작사를 직접 만들고 콘텐츠를 만들었습니다. 모든 것이 회사의 비전과 가치를 실현해나가는 과정임을 직원들이 이해하고 이에 동참했기에 가능했습니다.

또한 리더라면 투명성과 신뢰를 바탕으로 협업하는 '자율적 네트워크'를 만들어가야 합니다. 그동안 조직들은 칸막이(silo)와 계층(hierarchy)으로 이뤄진 구조를 유지해왔습니다. 그리고 지시와 복종을 통해 속도를 중시하는 수직 체계를 고집했습니다. 하지만 사회가 복잡해지면서 고정된 경영 철학의 비효율성은 심해지고 있습니다.

리더들은 기존의 관행과 권력을 버리고 개방적인 태도와 공감 등 인간적 교류를 높여나가야 합니다. 그동안 기업의 리더들은 카리스마형 슈퍼 경영자를 선호해왔습니다. 하지만 직원들 역시 '진정한 나'를 가리는 마스크를 쓰고 회사 생활을 하는 경우가 많았습니다. 그러나 과업 중심인 거래적 관계를 넘어 개인들의 가치, 신념, 희망을 공유해나가야만 진실된 조직문화를 재창조해낼 수 있을 것입니다.

우리 직원들은 모두 인재다

어느 강의에서 "이제 당신이 벚꽃을 볼 횟수는 몇 번 남았을까요?"라는 질문을 들은 적이 있습니다. 그리고 보니 벚꽃은 1년에 한 번 잠깐, 서울 기준으로 4월 초중순에 1~2주만 만개를 합니다. 하지만 흐드러지게 핀 벚꽃은 우리의 마음에 봄바람을 불러일으킵니다. 그런 의미에서 버스커 버스커의 '벚꽃 엔딩'은 매년 벚꽃 시즌에 들으면 제맛인 거 같습니다.

흔히 사람을 꽃에 비유하기도 합니다. 봄에 피는 개나리가 있고 가을에 피는 코스모스가 있습니다. 어느 계절에 피는지만 다를 뿐, 저마다의 꽃은 그 자체만으로 아름답습니다. 저는 우리 직원들도 저마다의 꽃이라고 생각합니다. 대기만성형이 있고 처음부터 자기 색을 찾아가는 꽃이 있을 뿐입니다.

그리고 어느 꽃인지는 리더들이 잘 관찰해서 함께 찾아주어야 합니다. 특히 선배와 후배가 의기투합해서 함께 여러 프로젝트를 하면서 동병상련의 추억을 함께 쌓아가는 것 또한 의미 있는 일일 것입니다.

그런 의미에서 병아리가 안에서 나오기 위해 최대치의 노력을 하고 어미 닭이 밖에서 함께 거들어줄 때 마침내 알이 깨지며 병아리가 탄생할 수 있습니다. 우리는 이를 줄탁동시(啐啄同時)라 합니다. 마치 선배와 젊은 직원 간의 관계와 같을 것입니다.

조직에서도 줄탁동시 같은 신구 조화가 필요합니다. '내가 보는 나'와 '동료가 보는 나' 사이에 어느 정도 차이가 있는지, 그것을 리더가 적시에 정확히 봐주어야 합니다. 젊은 직원들이 입사 초반 자신의 능력에 대해 의문을 가질 때 숨겨진 잠재력을 발휘할 수 있도록 인적, 물적 지원을 해야 합니다.

국내 대기업의 여성 임원 A 상무는 대리로 재직 시절, 상사를 방문한 손님을 위해 커피를 타서 갔다고 합니다. 그 후에 상사는 따로 불러 "A 대리는 뛰어난 능력과 적극성을 갖추고 있어 앞으로 이 회사에서 큰일을 할 사람입니다. 커피 타오는 이런 일은 하지 않았으면 좋겠습니다"라고 단호하게 말했다고 합니다. A 대리는 그 상사의 조언을 받아 조직 내에서 자신 있게 쭉쭉 성장할 수 있었습니다.

경영의 대가 피터 드러커는 '성과를 내는 조직은 팀원들을 강점으로 일하게 한다'라고 강조했습니다. 갤럽의 연구 결과에서도 업무 몰입도가 높은 조직의 공통점은 '리더가 강점으로 코치한다'였습니다.

직원들의 단점보다는 강점에 집중하고, 이에 맞는 업무에 배치하는 것이 중요합니다.

우리 가정에서도 마찬가지입니다. 아이를 가진 부모로서 '내 아이의 강점'은 무엇인지 자녀는 물론 배우자와도 끊임없이 대화해야 합니다.

제일 중요한 건 '전권', 남들과 다른 기획·발상 중요

충주시 유튜브 채널 성공을 통해 초고속 승진한 '충주맨' 김선태 주무관이 최근 한 기업으로부터 억대 연봉을 주겠다는 영입 제안을 받았지만 거절했다고 한 언론사 인터뷰에서 밝혔습니다. 연봉 2배 제안을 받았으나, 돈도 문제지만 본인이 제일 중요하게 생각하는 건 제안받은 기업에 가게 된다면 전권을 못 받을 것 같았다며 부연 설명을 했습니다.

"어느 기업에 가더라도 제가 전권을 받지 못하면 무조건 망한다"라며, "퀄리티가 훌륭한 게 아니라 남들과 다른 기획, 발상으로 성공한 건데 결재를 받기 시작하면 발상이 발현하지 못할 것"이라고 단언했습니다. 이렇듯 김 주무관은 자기만의 강점과 채널 정체성을 정확하게 알고 있었고, 조직에서는 자율성을 인정해준 결과 이런 유명 채널이 탄생할 수 있었던 것입니다.

그런 의미에서 조직 내에서도 우리 직원들은 저마다 재능이 있습니다. 학생들도 국어, 영어, 수학, 사회, 과학, 음악, 미술 등등 과목 중에 특히 잘하는 과목이 있습니다. 리더들도 우리 직원들을 자세히 들여다보면 이 친구는 커뮤니케이션을 잘하고 어떤 친구는 기획을 잘하고 어떤 친구는 파워포인트나 엑셀을 잘하는 것을 알 수 있습니다. 다만 직원을 위한 진심 어린 관심으로 봐야 합니다.

최근 성격 유형 검사 MBTI가 유행하고 있습니다. 만나는 사람마다 직업이나 나이보다 MBTI를 먼저 물어보곤 합니다. MBTI는 총 16가지 성격 유형 중 하나를 판명해줍니다. 요즘 젊은 사람들은 자기 MBTI를 혈액형처럼 외우고 다닐 정도입니다. 한편으로는 MBTI 유행이 타인에 대한 이해와 공감을 높이는 데 어느 정도 도움이 되었다고 볼 수 있습니다.

저도 개인적으로 가족이 함께 성격 유형 검사를 한 적이 있습니다. 저는 ENFP, 배우자는 ISTJ, 자녀는 우리 둘의 중간인 ISFP가 나왔습니다. 그리고 신혼 때 우리 둘이 왜 그렇게 안 맞아서 싸웠는지 이해할 수 있었습니다. 서로의 성격을 맞춰가는 과정이 꼭 필요했기 때문입니다.

MBTI 유형은 16가지 유형 중에서 절대적으로 좋은 성격, 나쁜 성격은 없다는 것을 우리에게 가르쳐줍니다. 누구나 16가지 중 하나의 성격에 해당할 뿐, 이상한 성격이 아닙니다. 내향적이든 외향적이든, 감정적이든 아니든 공존하는 마인드로 접근할 수 있게 되었습니다.

우리 직원들도 결국 16가지 성격 유형 중 한 가지를 지니고 있을 것입니다. 성격 유형에 맞는 직업과 업무가 있듯이 우리 직원들이 가장 즐겁게 일할 수 있는 것이 있는지 찾아나서야 합니다. 회사 아래 부서가 있고 부서 안에도 다양한 업무가 존재합니다. 우리 직원들은 모두 인재입니다. 어느 부서에서 어떤 업무를 맡고 있느냐에 따라 성과는 극과 극을 달릴 수 있습니다. 직원들이 각자의 달란트를 뽐낼 수 있도록, 조직 차원에서도 연차별 경력개발 관리를 지속적으로 해나가야 할 것입니다.

'이걸요? 제가요? 왜요?' MZ 직장인의 '3요' 주의보

'3요'는 '이걸요? 제가요? 왜요?'로, MZ 직장인의 '3요' 주의보가 최근 이슈로 떠올랐습니다. 이는 상사의 업무 지시에 되묻는 MZ세대 직장인의 질문입니다. 과거에는 상사가 지시하는 대로 순종하는 것이 정답이었습니다. 하지만 시대가 바뀌고, 새로운 성향의 젊은 세대가 등장하면서 직장 내 문화도 달라지고 있습니다.

우선 자신이 해야 하는 업무의 내용이 정확히 무엇인지 알기 위해서 '이걸요?'라고 묻습니다. 그리고, 수많은 사람 중 왜 자신이 이 일을 해야 하는지 명확하게 이해하기 위해서 '제가요?'라고 되묻습니다. 마지막으로 이 업무를 해야만 하는 이유가 무엇이고, 이 일을 해서 어떤 결과가 나올 수 있는지 알기 위해서 '왜요?'라고 되묻는 것입니다.

'3요'는 일하기 싫거나 회피하고자 하는 질문이 아닙니다. 젊은 직원들은 일방적인 지시를 원하지 않기 때문입니다. 자신이 이해할 수 있는 지시를 원합니다. 그래서 무조건 '3요'를 건방지다고 생각해서는 안 됩니다.

일부 기업은 리더급을 대상으로 '3요' 주의보를 발령하고, 이에 대해 어떻게 대처해야 할지 매뉴얼을 만들어 안내하기도 했습니다. MZ세대 직원들과 소통을 잘하려면 그들에게 명확한 답을 주어야 한다는 것이 핵심 내용이었습니다.

'3요'가 아니어도, 젊은 직원들의 당당한 의사 표현은 뉴스에서 종종 볼 수 있습니다. 블라인드 등 직장인 커뮤니티에 자신의 회사에 대해 불만을 토로하기도 합니다. 할 말은 바로 해야 직성이 풀리는 성격도 MZ 직장인들의 특징입니다. 몇 년 전 모 기업에서는 4년 차 직원이 성과급 산정 방식에 불만을 품고 임직원에게 항의 이메일을 보낸 적이 있습니다. 이른바 '성과급 상소문'이라고 할 만큼 사회적 이슈를 불러왔습니다. 언론사에서 이 내용이 보도되자 해당 기업은 노사 협의를 거쳐 성과급 체계를 조정하기도 했습니다. 또, 직장인 커뮤니티에서 MZ세대 직장인들이 인사 체계나 처우에 대해 불만을 내자 기업 차원에서 창업자들이 직접 간담회를 통해 직원 소통에 적극적으로 앞장서기도 했습니다.

이처럼 자신의 의사를 표출하는 창구가 늘어나면서 과거에는 그냥 넘어갔을 문제도 해명을 요구하며 변화를 도모하는 분위기로 흘러가고 있습니다. 그런 의미에서 '3요'는 상사에게 업무의 정당성을 확인하는 과정일 뿐입니다. 부당한 업무나 관행을 바로잡고 직원이 이해하는 과정을 통해 더 성숙한 조직문화를 구현할 수 있습니다.

물론 필요한 문제 제기는 하되, 직장인으로서 업무에 대한 책임감을 가지고 있어야 합니다. 상사의 지시에 반대만 반복한다면 단순한 무례로 여겨지기 때문입니다. 상사와 소통을 통해 해결하되, 업무 정당성이 인정된다면 성실하게 일에 임해야 할 것입니다.

한편 일부 젊은 직원들의 애사심이 부족하다는 생각이 든다면 '디지털 인간'인 그들의 사고방식을 자세히 들여다봐야 합니다. 『90년대생이 온다』를 쓴 임홍택 저자는 "MZ세대의 근무 태도는 '프로그래밍적 사고'에 기반하고 있음을 기억하라"라고 조언한 바 있습니다.

예컨대 '아날로그 인간'인 기성세대는 눈치 인생을 통해 '개떡'같이 말해도 '찰떡'같이 알아듣곤 했습니다. 즉 "정식 출근 시간은 9시지만 미리 와서 준비하라"라고 하면 8시 반쯤에는 미리 도착하곤 했습니다. 하지만 '개떡'을 입력하면 '개떡'이 출력되는 법입니다. 디지털 인간에게 가장 합리적인 '9시 전 출근' 시간은 8시 59분일 수밖에 없습니다.

이런 사고를 지녔기 때문에 이들은 '이심전심'을 기대하는 '아날로그식 눈치'를 꼰대스럽다고 여길 수 있습니다. 따라서 이들에게서 '찰떡'을 기대하다 실망하지 말고 원하는 결과를 위한 구체적 목표를 제시해야 합니다. MZ세대 직장인들은 실제로 '명확한 피드백'을 가장 이상적인 상사의 조건으로 꼽은 바 있습니다.

세상이 바뀌고 있습니다. MZ세대 직원을 애송이라고 치부하지 않고 그들에게 귀 기울이는 것부터가 '초일류 기업'의 시작입니다. MZ세대 직원들은 더는 '회사의 이익이 나의 이익'이라고 생각지 않습니다. 위계질서로 상징되는 기성세대와 달리 직급에 상관없이 평등하게 소통하고 협업하면서 개인의 노력과 성과를 인정받고 싶어하기 때문입니다.

회사 내부에서 사내 문화의 갈등을 젊은 세대 탓으로 일방적으로 몰아가는 것은 옳지 않습니다. **기성세대는 변화의 흐름을 읽고, MZ세대는 기성세대의 노하우와 경험을 존중해야** 합니다. 회사가 자신의 말을 경청하고 인정해줄 때 젊은 직원들은 더 큰 성과로 보답할 것입니다.

행복한 소가 좋은 우유를 많이 만든다

모든 사람은 행복해지고 싶어 합니다. 행복하게 인생을 사는 것은 인간으로서 가지는 숭고한 목표입니다. 개인의 행복과 직장은 강한 상관관계를 가집니다. 특히 직원들의 행복감이 충만하여 그 향기가 일반 고객에게 전파되는 선순환을 일으키게 됩니다. 하지만 개인이 행복해지기도 어려운데 행복한 회사를 만든다는 것은 원대한 도전입니다.

행복을 추구하는 외국 기업 사례를 보면 영국에 Happiness라는 이름의 회사가 있고, 미국의 파타고니아, 사우스웨스트 등이 유명합니다. 직원의 행복을 진지하게 고민하고 의사 결정의 최우선 순위를 직원 행복에 두었습니다. 토론을 통해 좋은 아이디어를 수용하고 동참하도록 격려했습니다.

한편 행복한 사람이 성공한다는 미국 리버사이드 캘리포니아

대학 연구진의 연구 보고가 있습니다. 총 27만 5천 명을 대상으로 225건의 기존 연구를 분석한 결과 "사람들은 행복감을 느낄 때 자신감이 생기고 다른 사람들로부터 호감을 얻어, 결국 혜택을 얻게 된다"라는 것이었습니다.

에너지가 넘치는 행복한 사람은 조직에서도 인정받고, 심지어 다른 사람에게 행복을 전염시키기도 합니다. 최인철 서울대 심리학과 교수는 "한 사람이 행복하면 그 옆 사람은 10% 더 행복해진다"라며 "행복하게 살고 싶다면, 행복한 사람 옆에 머물러야 한다"라고 주장했습니다.

동기를 스스로 찾게 하는
다른 방법은?
인정과 칭찬

그런 의미에서 직장인이라면 누구나 성취에 목말라 합니다. 인간의 유능감은 스스로의 평가로, 그리고 타인의 인정을 통해 올라갑니다. 많은 조직에서 주로 경제적 보상에만 초점을 맞추다 보니 인정, 칭찬, 격려와 같은 심리적 보상의 가치를 충분히 인식하지 못하곤 합니다.

1869년 창립된 캠벨수프는 2001년 좌초될 위기가 있었습니다.

주가는 반 토막 났고 경영진에 대한 신뢰는 최저 수준이었습니다. 이처럼 위기 상황에서 더글러스 코넌트 전 최고경영자(CEO)가 구원 투수로 등장했습니다. 2001년 취임한 그는 10년간 탁월한 리더십으로 캠벨수프를 회생시켜나갔습니다.

특히 그는 정중함(civility)을 바탕으로 직원들의 인정, 칭찬거리를 찾고자 노력하며 직원들의 신뢰를 쌓아나갔습니다. 직원들에게 개별적인 칭찬 편지를 자필로 썼고, 10년간 무려 3만 장의 편지로 진심을 보였습니다. 직원 개개인을 존재 자체로 인정하고 진심을 담은 관심을 보였습니다. 물론 직원들은 코넌트의 마음에 성과로 보답했습니다.

최고의 리더는 마음의 연금술사여야 합니다. 직원 개성이 다양해지고 복잡성이 증가하며 '1대 다수'의 매니지먼트가 아닌 '1대1'의 매니지먼트가 중요해지고 있습니다. 오늘날의 리더는 공감과 자율, 창조와 성장을 위해 조직원의 심리를 잘 가꿀 수 있어야 합니다. 농부가 봄에 씨를 뿌려 가을에 수확하듯, 연중 그 과정을 즐기고 노력해야 합니다. 훌륭한 리더는 관리 차원을 넘어 정서적·심리적 경영을 해나가야 합니다. 인간은 이성보다 감정에 더 큰 영향을 받는 존재이기 때문입니다.

매일의 작은 성공이 직원에게 전진하고 있다고 느끼게 하고
이 느낌이 직장 생활의 내면 상태(inner work life)를 긍정적

으로 바뀌 조직 전체의 창의성과 생산성을 높입니다.

작은 성공을
서로 축하하라

그런 의미에서 경영 분야에서 유명한 아마빌레 교수는 긍정적 내면 상태를 위한 세 가지 요소로 긍정적 인식(positive perception), 즐거운 감정(pleasant emotion), 내재적 동기(intrinsic motivation)를 제시했습니다. 이 세 가지가 충족되면 조직의 창의성, 생산성, 헌신, 동료애 등이 올라간다는 것입니다.

자신이 위기에 빠졌을 때
상대 배려하면
'멋진 유머'

리더라면 소통 중간중간 유머를 통해 윤활유 역할을 해 나가는 재치도 있어야 합니다. 미국 제40대 대통령 로널드 레이건은 재임 당시 1981년 3월 30일 존 힝클리 주니어라는 인물에게 저격당했습니다.

다행히 목숨을 건졌지만, 대통령에게 가해진 총격은 이미 1963년에 존 F. 케네디 대통령을 저격으로 잃은 미국인에게 엄청난 충격을 가져왔습니다. 주가, 유가 그리고 국제정치 등 세상을 반영하는 거의 모든 지표가 출렁거렸습니다. 그런데 레이건이 영부인인 낸시 레이건에게 이렇게 말했다는 사실이 세상에 알려지며 미국인은 물론이고 세계가 안정감을 되찾는 데 큰 도움이 되었습니다.

미안해 여보. 총알 피하는 걸 깜빡했어. 아직 영화배우라면 가뿐했을 텐데.

그리고 그것보다도 더 이전에 그 긴박한 수술에 들어가는 순간 레이건 대통령은 조지 워싱턴 병원의 의료진에게 이렇게 말했다고 합니다.

여러분이 모두 공화당원(레이건의 소속 정당)이어야 할 텐데요.

패닉 상태인 의료진은 그제야 긴장을 덜어내고 이렇게 대답하며 수술을 시작할 수 있었다고 합니다.

대통령님. 오늘만큼은 저희 모두 공화당원입니다.

수술이 모두 끝나고 튜브를 빼고 난 뒤에는 기침하면서 레이건 대통령은 심지어 이렇게 이야기했다고 합니다.

그 친구(저격범)는 뭐가 불만이었답니까?

이러한 여러 에피소드에 힘입어 레이건은 지지율이 저격 사건 이전 59%에서 이후 73%로 상승했습니다. 유머를 통해 위기를 호재로 만드는 마법을 보여준 것입니다. 유명한 토크쇼 진행자인 래리 킹은 정당과 무관하게 레이건과 버락 오바마를 사람들이 좋아할 수밖에 없는 이유로 이러한 유머 감각을 꼽기도 했습니다.

이렇듯 리더의 유머 감각은 특히나 위기 상황에서 더욱 빛을 발합니다. 그렇다면 리더의 유머가 왜 중요하며, 어떻게 긍정적 효과를 가져다줄까요? 인지행동치료 전문가로서 유머의 본질과 그 효과에 관한 연구로 유명한 난도 펠루시 박사는 '유머는 어떤 대상의 행동, 신념 혹은 의도를 비웃거나 희화화하지만, 그 대상의 본질은 존중하는 역설을 포함하고 있다'라고 분석했습니다. 이는 자신 또는 타인의 고유한 단점이나 현재의 불안정한 측면 모두에 적용됩니다.

조직 관점에서는 문제나 위기를 숨기지 말고 일단 문제 자체를 인정하는 것이 중요합니다. 그리고 상대방을 위한 행동을 하면 됩니다. 상대가 문제에 빠졌을 때 그를 위한 이야기는 위로입니다. 하지만 자신이 위기에 처했을 때 상대방을 위한 이야기는 유머이기 때문입니다.

돈보다
칭찬이 좋다?

         댄 애리얼리 듀크대 심리학과 교수가 인텔 이스라엘 공장에서 한 실험이 있습니다. 그는 직원을 세 그룹으로 나누고, 업무 성과에 따라 각기 다른 인센티브를 주겠다고 말했습니다. 한 그룹에는 30달러를, 다른 한 그룹에는 피자 쿠폰을 주기로 했습니다. 나머지 한 그룹에 주어질 인센티브는 상사의 칭찬 메시지였습니다. 실험 결과 세 번째 그룹의 생산성 향상 효과가 가장 높았다고 합니다.

    리더라면 직원의 개인 맥락에서 행복감을 줄 수 있도록 노력하고, 그런 안정감이 조직 내에 자연스럽게 내재화될 수 있도록 노력해야 할 것입니다.

세대(世代)가 아니라 시대(時代)에 집중한다

제 혈액형은 B형입니다. 영화에도 나왔지만, B형 남자라고 하면 성격이 괴팍한 사람으로 치부하는 말을 들으며 상처를 받곤 합니다. 성급한 일반화의 오류라고 할까요.

회사에서도 비슷한 맥락의 일이 벌어지곤 합니다. 밀레니얼 세대에 이어 Z세대가 조직에 들어오면서 리더들의 고민도 커지고 있습니다. 젊은 직원들을 MZ세대라고 통칭하는 것은 '집단화'의 어법입니다. '이대남', '586', 'MZ' 등 우리가 별생각 없이 사용하는 집단화 단어들은 당사자에게는 수용하기 불편한 것일 수 있습니다. 특히 MZ세대는 그 안에서도 20년 정도의 세대 차이를 보입니다. "MZ는 승진에 관심 없다면서요?" "워킹맘은 직장에서 칼퇴가 제일 중요하죠?" "일류대학 출신은 충성심이 약해요" 등등 큰 의미가 없어 보이지만 따지고 보면 특정 집단에 대한 배제의 성격이 강합니다.

집단화의 언어는 대개 높은 직급이, 또는 주류에 속하는 사람이 소수 집단을 상대로 사용하는 경우가 많습니다. 맥락이 맞고 상대방과 신뢰 관계가 있을 때는 가능하지만, 상대를 집단으로 규정하는 경우 대부분 부정적인 문제를 야기합니다.

집단화의 오류에 빠지지 않으려면 상대를 있는 그대로의 개별 존재로 바라봐야 합니다. 어떤 사람이 실수했을 때 "여자라서", "학벌이 좋지 않아서", "○○ 지역 출신이라서" 등의 기준을 들이대면 안 됩니다. 개별적 존재로 받아들이고 그 행위 자체에 객관적 평가를 해야 합니다.

그 사람의 배경으로 상대를 정형화하면 오류 가능성이 올라갈 수 있습니다. 사안에 따라 1:1로 집중하는 '개별화'를 위해 의식적 노력을 해야 합니다. 수많은 개인의 합집합으로 만들어진 집단인데, 몇 가지 특징으로 한 사람의 인생 자체를 재단해버려서는 안 됩니다.

선진국에서 온 후배, 후진국에서 온 선배

대부분의 리더는 젊은 직원에 대해 고민이 많습니다. 최근 리더십 교육과정에는 MZ세대에 대한 이해나 동기부여 관련 주제가 빠짐없이 운영되고 있습니다. 반면

MZ세대는 집단 성향보다 개인의 고유한 특성에 더 큰 방점을 두고 있습니다. 기존 세대들이 보기에는 젊은 직원들이 뭔가 이상한데, 더 정확하게는 본인과 다른 성향이긴 한데 완전히 틀렸다고 하는 건 왠지 불편한 감정이 드는 것입니다.

참고로 우리나라의 1인당 국민소득은 1985년에 2,450달러, 1995년에 1만 1,600달러였습니다. 현재 1인당 국민소득이 3만 달러를 넘어가는 상황에서 역사상 처음으로 선진국 의식구조를 지닌 직원들이 입사한 것입니다.

젊은 직원 관점에서는 기존 선배들이 왜 승진과 출세를 위해 애쓰는지 이해되지 않을 것입니다. 중학교 1학년 영어 교과서에서 '소년이여, 야망을 가져라(Boys, be ambitious)'를 외워서, 혹은 대학교 교양 영어에서 '연극은 계속돼야 한다(The show must go on)'라고 배워서 그런 것일 수도 있습니다.

요즘은 직장 내 언어폭력이 문제가 되는 시대이지만, 과거에는 직장에서 신체적 폭력까지 경험한 사람이 있을 정도였습니다. 이해 안 되는 젊은 직원을 한국 사람이라고 여기지 말고 '한국말 잘하는 선진국 출신 외국인'이라고 생각하는 것이 좋다는 우스갯소리가 있을 정도입니다. 실제로 사고방식과 라이프스타일은 외국 사람이라고 해도 전혀 과언이 아닐 정도로 차이가 클 수 있습니다. 그만큼 한국 사회는 초고속으로 진화해온 것입니다.

과거의 단체 사회 시대를 넘어 이제는 핵개인화 시대입니다. 핵

개인화 시대는 '자기 계발 시대'입니다. 내 일과 여가, 욕망과 취향, 자존감과 임파워먼트가 가장 중요합니다. 오늘날의 시대정신인 워라밸, 소확행, 절차적 공정성을 중시해야 합니다. 이제 MZ세대가 사회의 주축으로 부상하면서 우리나라는 산업화 시대와 민주화 시대를 넘어 핵개인화인 '나의 시대'로 들어서고 있다는 점을 수용해야 합니다.

기원전 1700년경 수메르 시대에 쓰인 점토판에도 "요즘 애들은 버릇이 없다"라는 글이 쓰여 있었다고 합니다. 어느 시대에나 '요즘 것'들은 버릇이 없었지만, 이들과 소통해야 조직이 발전합니다. 비판에 앞서 교감을 원한다면 우리 리더들부터 변해야 합니다. 세대가 아니라 시대에 집중하는 것은 물론 '디지털 인간' 시대의 소통 문법에 눈높이를 맞춰나가야 할 것입니다.

인사(人事)가 만사(萬事)?

　직장 생활을 하면서 가장 중요한 것 중의 하나가 인사라고 생각합니다. 특히 인사를 담당하는 부서장은 더할 나위 없이 중요합니다. 왜냐하면 조직은 결국 사람에 의해 돌아가고, 그 사람들을 적재적소에 배치하는 것이 인사 부서장이기 때문입니다.

　인사는 조직 내 혁신과 성과에 큰 영향을 미칩니다. 좋은 인사제도는 직원들의 창의성과 열정을 불러오고 자연스럽게 혁신의 결과를 도출합니다. 글로벌 선진기업들은 경영 비전과 전략에 맞춰 개인과 조직의 성장을 인사 정책에 반영하고 이를 발전의 원동력으로 삼습니다.

　우리는 흔히 '인사(人事)가 만사(萬事)'라는 말을 자주 사용합니다. 사람의 만 가지 일, 즉 모든 일은 결국 어떤 사람을 쓰느냐에 달려 있으며, 누가 하느냐에 따라 결과도 달라지기 때문입니다. 저는 200퍼센트, 아니 2만 퍼센트 동의합니다.

미국 인사행정에도 비슷한 말이 있습니다.

The right person in the right place at the right time.

좋은 인사 정책에는 여러 조건이 있겠지만, 대내외 환경 변화에 유연하게 대응하고 현장 수요에 효과적으로 대응하고 자율적 문화를 만드는 것이 무엇보다 중요합니다.

최근 ChatGPT가 일으킨 변화에서 보듯이 세상은 빠르게 변화하고, 예측 불가능해지고 있습니다. 시시각각 변화하는 고객 수요에 대응하기 위해 '민첩하고 유연한 조직'으로 전환하는 것이 중요합니다. 이를 위해, 특히 인사를 담당하는 사람들은 여러 기본 능력을 겸비해야 합니다. 혁신과 변화를 이끄는 능력, 전략적 사고, 증거 기반 인사, 데이터·인공지능을 활용한 기술 능력, 비판적 사고와 문제 해결 능력, 우수 선진 사례 벤치마킹 및 조직에 적용하는 능력 등입니다.

물론 성공적인 조직들의 공통적 특징은 인재 선발 및 교육에 있습니다. 인사는 개인에게 맞는 업무에 배치하는 데 중요한 역할을 합니다. 각자에게 맞는 일을 부여한다면 사람들은 조직 성장에 이바지할 것입니다.

특히 조직은 정기적으로 직원들에게 조직문화와 인사 정책 관련

경과를 공유하고 적극적으로 소통해야 합니다. 이를 통해 근무 조건을 개선하고 직원 참여도와 동기부여를 높여나가야 합니다. 이를 통해 업무 생산성을 높이고 직원 이탈을 미리 방지할 수 있기 때문입니다.

"적재적소가 아닌 적소적재", 직무에 대한 정의 필요

이 말이 적재(適材), 즉 인재라는 말로 시작하다 보니 우리는 적정 사람을 먼저 떠올리고 배치하는 것을 생각합니다. 그래서 우리는 유능한 사람을 먼저 떠올리곤 합니다. 하지만 과거 특정한 분야에서 꽤 유능했던 사람을 성격이 많이 다른 자리에 앉히는 것은 실패로 이어지기 쉽습니다.

남다른 리더십을 발휘해왔던 권오현 전 삼성전자 회장은 저서 『초격차』에서 이 점을 분명히 언급했습니다. 이른바 스페셜리스트(specialist)와 제너럴리스트(generalist)의 구분과 성장 과정입니다. 스페셜리스트는 한 분야의 전문가를 의미하고, 제너럴리스트는 다방면에 상당한 지식과 경험을 갖춘 사람입니다. 그런데 이 중 하나에 해당하는 사람이 반대 유형의 능력까지 지니면 스페셜-제너럴리스트 혹은 제너럴-스페셜리스트가 됩니다. 진정한 실력자가 되는 것입니다. 하지만 이를 위해서는 오랜 시간 다양한 경험이 필수입니다. 한순간에 만들어지지 않습니다. 이 속도와 과정을 무시하면 사원 같은 부장과 부장 같은 사원이 조직을 혼란에 빠뜨립니다. 그 이유는 바로 그 자리에 해당하는 직무를 제대로 정의해놓지 않아서입니다. 실제로 우리 사회와 조직에 자리의 이름은 많은데 그 이름에 맞는 직무를 제대로 정의해놓은 경우는 거의 없습니다. 권한과 업무를 열거해놓고 그것을 정의라고 착각하고 있기 때문입니다.

어느 직장인 세미나에서 "회사에서 행복을 느낀 순간은 언제인가?"라는 질문에 가장 많은 답이 '인정받을 때' 다음으로 '회사 성장에 기여했다고 느낄 때', '좋은 팀워크로 성과를 달성했을 때', '금전적 보상을 받았을 때' 등이 뒤를 이었습니다. 반대로 "회사에서 행복하지 않다고 느끼는 순간은 언제인가?"라는 질문에 가장 많은 응답은 '무능한 리더십을 느낄 때', 그 뒤로 '보상과 평가의 불공정함을 느낄 때', '인정 및 성장의 부재', '상사의 부당한 업무 지시가 있을 때' 등의 순서였습니다.

결국 직장인이 행복감을 느낄 때는 '리더의 든든한 신뢰와 권한 위임으로 자율성을 가질 때', '높은 오너십을 갖고 도전적인 업무를 통해 성장을 느낄 때', '결과에 맞는 보상과 인정을 받을 때'로 볼 수 있습니다. 반대로 불행했던 때의 공통점은, '경영진이 인사관리에 대해 무관심할 때', '회사 비전과 개인 업무 간 얼라인(align, 정렬) 부재로 회사 성장에 기여하지 못할 때', 그리고 '리더의 마이크로 매니징이 있을 때'였습니다. 이럴 땐 월요일이 무서워질 수 있습니다.

워라밸도 좋지만, 조직의 기본은 '일'에 있습니다. 즉, 좋은 조직문화를 만들고 싶다면 우리 회사의 문화가 효과적인지를 반드시 점검해봐야 합니다. 특히 MZ세대가 행복한 조직문화는 인사나 조직문화 담당 부서가 만들어나가는 것이 아닙니다. 리더들의 강력한 의지 아래 직원 모두 한마음 한뜻으로 움직일 때 가능하며, 행복감도 함께 따라올 것입니다.

그런 의미에서 이제 인사 정책은 일방적인 집단화를 떠나 일인백색(一人百色)의 시대를 준비해야 합니다. 젊은 직원들을 보면서 "개인주의가 심하다", "예전에 우리가 가졌던 열정이 없다" 등 다양하게 평가하곤 합니다. "이런 문화가 기존 직원에게 퍼질까 걱정"이라는 생각까지 합니다. 하지만 세상은 바뀌고 있고, 인사관리에도 100% 헌법 같은 명확한 정답이 없습니다. 그때그때 업종에 맞게 조직내 계층 분포를 자세히 검토해서 상황에 맞게 시스템과 제도를 정비해 나가야 할 것입니다.

수신제가치국평천하(修身齊家治國平天下)

오랜 시간 직장 생활을 하다 보면 잘되는 리더의 공통점이 보이곤 합니다. 그것은 우리가 많이 들어본 수신제가치국평천하(修身齊家治國平天下)입니다(닦을 수, 몸 신, 가지런할 제, 집 가, 다스릴 치, 나라 국, 평평할 평, 하늘 천, 아래 하).

몸을 닦고 집을 안정시킨 후 나라를 다스리며 천하를 평정한다.

이는 유교에서 강조하는 올바른 선비의 길입니다. 먼저 자기 몸을 바르게 가다듬은 후 가정을 돌보고, 그 후 나라를 다스리며, 그런 다음 천하를 경영해야 한다는 의미입니다. 선비가 세상에서 해야 할 일의 순서를 알려주는 표현이라고 할 수 있습니다. 사서삼경 가운데 하나인 『대학』에 나오는 말로, 본문은 이렇습니다.

사물의 본질을 꿰뚫은 후에 알게 된다.

알게 된 후에 뜻이 성실해진다.

성실해진 후에 마음이 바르게 된다.

마음이 바르게 된 후에 몸이 닦인다.

몸이 닦인 후에 집안이 바르게 된다.

집안이 바르게 된 후에 나라가 다스려진다.

나라가 다스려진 후에 천하가 태평해진다.

그러므로 천자로부터 일개 서민에 이르기까지 모두 몸을 닦는 것을 근본으로 삼는 것이다.

'적을 모르고 나도 모르면 매번 싸움마다 위태하다.' 지피지기(知彼知己)의 중요성을 설명하는 손자병법의 한 구절입니다. 역으로, 적을 알고 나를 알면 어떤 전쟁에서도 위태롭지 않게 됩니다. 조직에 몸담은 우리는 우리 조직의 본질을 알고 경쟁사를 정확히 간파한다면 어떤 위기도 극복해나갈 수 있을 것입니다.

개인과 기업도 더 나은 내일을 위해 다양한 경쟁과 전쟁을 매일 하고 있습니다. 인생과 기업 경영이라는 전장에서 지피지기의 핵심은 미래 알기와 자기 알기로 요약할 수 있습니다. 미래는 보이지 않는 가장 큰 적 중 하나입니다. 미래를 알 필요가 있지만, 미래를 정확히 예측하는 것은 불가능합니다. 그렇다고 미래에 대해 손 놓고 있을 수는 없습니다.

수신제가치국평천하(修身齊家治國平天下)에서 시작은 수신(修身)입니다. 나를 알고 몸과 마음을 바르게 하는 것에서 시작합니다. 어떻게 보면 '신독(愼獨)'과 맥이 맞닿아 있습니다. 삼갈 신(愼), 홀로 독(獨)을 의미합니다.

> 자기 혼자 있을 때도 도리에 어그러지는 일을 하지 않고 삼간다.
>
> - 출전 『大學(대학)』

요즘 우리가 나에게 온전히 집중하지 못하는 이유는 하나 더 있습니다. 초연결사회의 중심에 있는 대한민국이 SNS의 과도한 사용으로 자신을 들여다볼 여유가 점점 없어지기 때문입니다. 세상에서 가장 만나기 힘든 사람은 유명 아이돌이나 스포츠 스타가 아니라 자기 자신이라는 이야기가 있습니다. 그만큼 하루가 멀다 하고 쏟아지는 정보화 시대에 함몰되어, 자기 고유의 시간을 보내기가 쉽지 않기 때문입니다.

그런 의미에서 최근 유튜브가 한국 플랫폼 이용자의 몸과 마음을 장악하고 있습니다. 시장조사 업체 모바일 인덱스에 따르면 유튜브는 한해 국내 모바일 앱 사용 시간 1위(175억 시간)였습니다. '국민 메신저'로 꼽히는 카카오톡(66억 시간)보다 앱에 머무는 시간이 2.6배 이상 길었고 네이버는 45억 시간으로 3위에 그쳤습니다.

'21세기 판도라 상자' 유튜브가 지배하는 세상

매달 방문객 20억 명, 1분에 450시간에 달하는 영상이 올라오며, 하루 평균 시청 시간은 10억 시간을 이미 넘은 지 오래입니다. 수십억 명이 매일 '입력, 클릭, 좋아요, 댓글, 구독' 과정을 반복합니다.

이런 상황에서 현대사회 직장인은 유튜브, 인스타그램, 페이스북 등 SNS의 유혹에 과몰입해서는 안 됩니다. 그 조각조각 시간을 모아 덩어리 시간을 만들어가야 합니다. 이 덩어리 시간을 모아 독서를 한다든가, 자기 계발 차원에서 삶의 변화를 도모해나가야 합니다.

수신(修身), 즉 나를 알고 몸을 바르게 한다면 다음은 제가(齊家)입니다. 저는 개인적으로 가정이 화목하면 이미 성공한 인생이라고 생각합니다. 사회적 성공이나 부와 명예 등은 그다음 문제입니다. 리더의 입장에서 가정의 화목함이 좀 더 확대되면 내가 속해 있는 부서원들과의 화합에 대입할 수 있습니다.

나를 알고(修身) 가족의 든든한 지원(齊家)을 받은 다음 마음의 안정을 가지고 본격적인 조직 경영인 치국(治國)을 하게 되는 이치입니다. 어떻게 보면 리더로서 가장 중요한 영역일 수 있습니다. 이미 스스로의 존재 의미를 알고 가정이 안정된 사람이라면 치국은 자연스럽게 선순환 고리를 만들어낼 것입니다. 리더로서의 치국은 본 서적의 전체 내용이기에 다음 내용인 평천하(平天下)로 넘어가겠습니다.

리더로서 조직 경영을 성공적으로 이뤄냈다 해도, 여기서 끝낸다면 반쪽짜리 리더입니다. 단순한 개인적 성취, 명예와 권력, 부와 성공을 넘어 진정한 리더란 선한 영향력을 바탕으로 세상을 바꿔나가겠다는 소명 의식이 있어야 한다고 생각하기 때문입니다.

저는 개인적으로 소액이지만 매월 3만 원씩 아프리카 아동에게 지원한 지 20년이 넘었습니다. 이미 첫 번째 아이는 성인이 되어 졸업하고 후원 대상이 또 다른 아이로 변경되었다며 사진을 받았습니다. 꼭 거대 담론이 아니더라도, 세상을 조금이라도 이롭게 만들고 가겠다는 철학은 우리 리더들의 삶을 더 빛나게 해줄 것입니다.

당신은 관리자입니까? 리더입니까?

오랜 기간 직장 생활을 하면서 생각한 가장 바람직한 리더 상을 한마디로 표현하자면, '직원들을 꿈꾸게 하고 그 꿈을 이룰 수 있도록 돕는 사람'이라고 생각합니다. 수신제가치국평천하를 통해 자기 객관화가 명확한 상태에서 타인을 바라보는 선한 영향력을 전파하는 것입니다.

물론 월급을 받아 일하고 사내 정치가 판치는 조직 생활에서 이 타적 삶을 산다는 것 자체가 순진해 보인다고 볼 수 있습니다. 하지만 결국 사람이 모인 곳이 조직이고 어떤 사람과 일하느냐에 따라 성과도 달라지기 때문에 리더라면 업무든 사람이든 진심을 담아 대하는 것이 중요하다고 생각합니다.

내가 직원을 이용해서 덕을 보겠다는 것이 아니라 직원 자체에 집중하고 그의 성장 가능성을 보며 끊임없이 소통할 때 그 직원은 중장기 차원의 성취하고자 하는 꿈을 리더에게 이야기할 것입니다. 리더라면 그것을 조직의 비전과 미션에 맞게 재구조화해서 직원에게 제안하고 함께 만들어나가야 합니다. 비록 개인과 조직의 목적지가 다소 상이할 수 있지만, 개인의 성장이 곧 조직의 성장이기에 기꺼이 그 과정을 즐기고 직원에게 끊임없이 동기부여를 해나가는 것이 중요합니다.

마지막 성과의 공은 직원에게 돌리되, 이런 직원들을 많이 만들어내는 리더면 자연스레 조직에서 더 높은 자리로 승승장구할 수 있기 때문입니다. 그러므로 직원을 통해 성과만 쪽쪽 뽑아내겠다는 자세로 직원을 도구로만 보는 관리자가 아니라 큰 바위 얼굴처럼 넓은 가슴을 가진 포용적인 리더를 지향해야 합니다.

물론 위대함을 달성하는 일은 혼자서는 절대 불가능합니다. 부서원들을 '부하 직원'으로 보는 대신 우리 조직 미래를 책임질 '잠재 리더'로 바라보고 권한 위임을 통해 자율성을 부여할 때 발전하는 조직문화를 만들어갈 수 있습니다.

조직에는 개인과 조직의 성과를 이어주는 '연결형 리더(connecting leader)'가 필요합니다. 리더 스스로 소속된 조직의 업의 정의, 자신의 존재 의미를 찾지 못하고 흔들리면 조직은 금이 가게 됩니다. 특히 리더가 현재의 다양한 조직 문제를 방치해버리면 모래알 조직이 됩니다.

과거에 상사에게 말하기 전 다섯 번 고민했다면, 후배에게는 열 번 고민하고 말을 꺼낸다는 마음가짐이 필요합니다. 젊은 직원들과 함께 소통하고 성장하기 위해 시대를 관통하는 '시대 전략'을 세워나가야 합니다. 그러기 위해서는 리더에게 명확함이 필요합니다. 모호한 표현이나 책임을 회피하기 위해 여러 보험을 들어놓는 언행은 직원들을 수동적으로 만듭니다. 명확한 방향 제시를 통해 효율적으로 업무가 돌아가게 해야 합니다.

요즘은 무엇보다 직원 간 업무 분장도 명확하게 해야 합니다. 시니어와 주니어의 역할 관계, 업무 간의 연계성을 고려해 각자의 업무 강점과 약점을 잘 파악해서 상호보완적 업무를 수행할 수 있도록 장치해야 합니다.

또 리더라면 자신의 감정 조절을 잘해야 합니다. 순간 욱하고 화를 내며 특정 개인에게 불화살을 쏜다면, 특히 부서 회의 자리에서나 다른 직원에게 들리게 한다면 해당 직원은 심한 모욕감을 느끼게 됩니다. 과거에는 그냥 참고 넘어갔지만, 지금은 이직하거나 내외부 채널을 통해 부서장에게 부정적인 피드백이 가게 됩니다.

아무리 못마땅해도 긍정적 피드백과 부정적 피드백을 잘 혼합해서 직원의 기를 죽이지 않으면서 동기부여할 수 있도록 노력해야 합니다. 지적해야 하는 경우는 당연히 1:1 피드백을 통해 심층적으로 대화하며 의견을 제시하는 습관을 지녀야 합니다. 리더라면 무엇보다 경청의 자세가 필요합니다. 1번 말하면 2번 듣는다는 마음을 가지고 직원들의 정서를 진심으로 이해할 필요가 있습니다.

미국의 경영 컨설턴트 짐 콜린스는 저서 『위대한 기업은 다 어디로 갔을까』에서 성공한 기업이 실패하는 이유가 리더의 과거 경험과 성공에서 비롯된 자만심 때문이라고 말했습니다. 과거의 성공으로 반복적으로 같은 업무를 수행해서는 다가올 미래의 위기에 직면했을 때 무기력한 결과를 낳을 수 있기 때문입니다.

관리자가 아닌 리더라면, 자신이 잘 모르는 부분이 있으면 "나는 잘 모르겠는데, 여러분들은 어떻게 생각하나요"라고 되물을 용기가 필요합니다. 이를 통해 실무자들이 좀더 의견을 개진할 수 있게 기회를 주고, 리더 본인도 학습 기회로 삼을 수 있습니다. 리더가 잘 알지 못하면서 '안다'라고 말하는 순간 리더 본인뿐만 아니라 팀원들의 학습 기회까지 줄어들 수 있습니다. 리더가 '모른다'라고 말할 때 약점이 되는 것이 아닙니다. 솔직하게 모른다고 말하는 리더를 '더 강한 리더'로 인식하고 더 신뢰한다는 연구 조사 결과도 있습니다.

기업을 둘러싼 환경의 변화는 어느 때보다 급격하게 변하고 있습니다. 밀레니얼 세대에 이어 Z세대와 알파 세대의 등장이 관심을 끌고 있으며 생성형 인공지능(AI)의 확대로 인한 변화 또한 어디까지 갈지 예측 불허의 상황입니다.

리더가 모든 해결책을 제시할 수 없다는 것을 인정하고, 모르는 것을 모른다고 말하며 가능한 한 다양한 정보를 수집하고 폭넓게 의견을 청취하려고 노력해야 합니다. 그렇게 할 때 관리자가 아닌 진정한 리더로 변해 있는 나를 발견할 수 있을 것입니다.

오바마 대통령에 대해서는 개인에 따라 역사적 평가가 다르지만, 그의 겸손하고 감동적인 화법은 중요한 고비마다 중요한 리더십을 발휘했습니다. 그런 의미에서 참된 리더를 꿈꾸는 사람이라면 그의 리더십에 대해 누구나 한 번쯤 고민해보아야 할 것입니다.

공동체와 가족을 감동적으로 연결한 리더관을 선보인, 2004년 미국 민주당 전당대회에서의 그의 연설은 단순한 연설이 아니라 인간학 그 자체로 평가받고 있습니다.

> 만일 시카고 남부에 글을 읽지 못하는 소년이 있다면, 그 아이
> 가 제 아이가 아닐지라도, 그 사실은 내게 중요한 사실입니다.
> 만일 어딘가에 약값을 지불하지 못하는 노인이 있다면 그이가
> 내 할머니가 아니어도 그것이야말로 내 삶이 가난한 것입니다.

188

만일 어떤 아랍계 미국인이 정당한 법적 절차 없이 체포당했
다면, 그것은 제 시민권에 대한 침해입니다.
나는 내 형제를, 자매를 지키는 자이고, 이것이야말로 이 나라
가 작동하는 원리여야 합니다. 우리는 모두 개인적으로 꿈을
꾸지만, 이것이 국가라는 가족으로 모이게 하는 힘입니다.

이후 버락 오바마는 2008년 대통령에 당선되고, 2012년에는 재
선에 성공하게 됩니다.

창세기 4장 9절을 보면 하나님께서는 아벨을 죽인 형 가인에게
"네 아우 아벨이 어디 있느냐"라고 물으십니다. 이에 가인은 "내가 내
아우를 지키는 자입니까"라고 대답합니다. 하지만 이 질문에 오바마
는 "저는 제 형제자매를 지키는 사람입니다"라고 답변한 것입니다.

정적에 대한 비난밖에 없는 싸움꾼의 말이 아니라, 공동체의 이유
가 무엇인지 보여주는 리더의 포용적인 언어였습니다. 내 말이 맞고
나만 따르라는 권력과 아집의 말이 아니라 힘이 있는 리더라면 무엇을
해야 하는지 보여주었습니다. 국가가 전체주의적 폭력 기구가 아니라
국가라는 가족으로 모이게 하는 힘을 많은 사람에게 설명한 것입니다.

정치뿐만 아니라 사회적 환경이 점점 더 인간의 품격을 유지하기
힘들게 합니다. 직장 내에서도 경쟁이 치열하다 보니 작은 빌미만 생
겨도 생채기를 만들어내곤 합니다. 그런 의미에서 리더의 말하는 방
식과 내용, 경청하는 자세에서 그 사람의 진가가 드러납니다. 그가

자기 말만 하는지, 삶에 대한 깊은 철학이 있는지, 인간과 인류에 대한 연민이 있는지, 이기적인지, 상대를 존중하고 자신을 수시로 돌아볼 줄 아는지 말입니다.

직장 내에서 다양한 정책을 실행해야 할 리더의 성품은 정말 중요합니다. 함께 꿈꿀 수 있는 진실한 인간, 인간학적 고뇌가 있는 그런 사람과는 누구나 함께하고 싶을 것입니다.

모든 책임은
내가 진다
(The bucks stop here)

그런 의미에서 우리는 살아가면서 대통령을 비롯한 다양한 리더를 만납니다. 심지어 부모도 가정 내에서 자녀들의 리더인 셈입니다.

'The bucks stop here'를 의역하면 '내가 모든 책임을 지고 결정한다'입니다. 미국 제33대 대통령 해리 트루먼이 백악관 집무실 책상 위의 명패에 새겨두고 좌우명으로 삼은 말입니다. 트루먼은 대통령 이임식 연설에서 "The President can't pass the buck to anybody. No one else can do the deciding for him. That's his job(대통령은 그 누구에게도 책임을 전가할 수 없다. 그 누구도 대통령의 결정을 대신해줄 수는 없다. 결정은 온전히 대통령의 몫이다)"이라고 말하기도 했습니다.

'The buck stops here'라는 말의 유래에 대해서 해석이 다양합니다. 포커 게임에서 공정하게 딜러의 순번을 결정하기 위해서 사용한 buckhorn knife에서 나왔다는 것이 정설입니다. 손잡이가 사슴뿔로 된 칼을 다음 딜러에게 넘겨주는 것(passing the buck)이 곧 '책임과 의무를 전가한다'라는 관용어로 굳어졌고, 이에 따라 수사슴 혹은 1달러를 의미했던 buck에 '책임'이라는 뜻이 더해진 것입니다.

이 'buck'은 '달러'라는 뜻으로도 쓰이며, 'in the bucks'는 속어(俗語)로 '돈이 있는'이란 뜻입니다. 달러를 buck이라고 한 이유는, 미국 서부에서는 포커 게임에서 사용하던 buck의 용도로 한때 silver dollar(1달러짜리 은화)를 사용했기 때문입니다. 여기에서 'buck = dollar'라는 뜻이 나왔고 1865년부터 사용되기 시작합니다.

이런 의미에서 다양한 사람의 이야기를 경청하고 무한대의 책임을 질 각오를 가져야 합니다. 과실만 본인이 따먹고 책임은 타인에게 전가하는 리더는 리더로서의 자격이 없습니다.

결국 이 모든 것이 소통과 관련됩니다. 시간이 걸리더라도 설득을 통해 공감을 얻어내야 하며, 필요한 경우 타협도 해야 합니다. 자신의 의견에 반대하는 사람도 만나고 듣기 싫은 질문도 들어야 할 것입니다. 꼭 대통령과 같은 거대 정치인이 아니라 사회생활을 하는 우리 모든 리더에게 공통으로 적용되는 진리일 것입니다.

리더십에 관한 세계적 저술가 사이먼 사이넥은 『리더는 마지막에 먹는다(Leaders Eat Last)』라는 제목의 책을 썼습니다. 이 책의 제목은 그가 예비역 해병 중장 조지 J. 플린 장군과 나누던 대화에서 나왔습니다.

플린 장군은 그에게 다음과 같이 말했습니다.

> 미 해병대원들은 최하급자가 가장 먼저, 최상급자가 가장 나중에 배식을 받는다. 해병대원이라면 누구나 그냥 그렇게 한다. 그뿐이다. 해병대에서는 으레 리더가 제일 마지막에 먹는 것으로 되어 있다. 자신의 필요보다 기꺼이 타인의 필요를 우선할 수 있는 마음가짐이야말로 리더십에 따르는 진정한 의무이기 때문이다.

이 말에 영감을 얻어 사이넥은 조직 구성원이 리더에게 갖는 신뢰란 '생물학적 반응'이라고 말했습니다. 리더십이란 계급에서 나오는 것이 아니라 자신의 책임하에 있는 구성원들을 어떻게 대하느냐에서 나오기 때문입니다.

이러한 미 해병대의 지도력과 관련하여 전설적인 지휘관이 있습니다. 해병대 4성 장군에 이어 미국 제26대 국방장관의 자리에 올랐던 짐 매티스 장군입니다.

매티스는 불패의 용장인 동시에 학식도 깊었습니다. 군 후배들은 그를 '전쟁의 성자', '전사 수도승'이라고 불렀습니다. 손자병법과 마르쿠스 아우렐리우스의 명상록 같은 고전부터 시작해, 동서고금의 전쟁을 다룬 역사와 철학책을 손에서 놓지 않았기 때문입니다. 공부해야 전쟁을 더 잘 이해할 수 있고, 부하들의 소중한 목숨을 헛되이 날리지 않을 수 있다는 것이 그의 철학이었습니다.

후배 장교들을 위해 매티스는 리더십의 요체를 3C로 압축했습니다. 3C란 Competence(능력), Care(돌봄), Conviction(신념)입니다. 3C의 첫 번째는 능력(competence)입니다. 기본에 충실해야 합니다. 두 번째는 돌봄(care)입니다. 가족을 대하듯이 부하 직원들을 관심 있게 지켜봐야 합니다. 세 번째는 신념(conviction)입니다. 이는 물리적인 용기보다 더 어렵고, 더 깊습니다. 리더가 어떤 것을 지키고, 어떤 것을 지키지 않는지 부하 직원들은 쉽게 알게 됩니다.

기억하라. 장교로서, 너는 이 전투 하나만은 꼭 이겨야 한다. 네 부대원의 마음을 얻기 위한 전투 말이다. 그들의 마음을 얻으면, 그들이 전투에 나가서 이겨줄 것이다. 리더십이란, 네 부대원의 영혼에 가 닿아서 책임과 목적의식을 불어넣어 어떤 난관이라도 극복하게 하는 것이다.

- 짐 매티스 -

리더라면 직원들이 좋은 호르몬을 분비할 수 있는 긍정적 환경을 조성해야 합니다. 협동, 신뢰, 충성심을 키우는 세로토닌과 옥시토신을 분비할 수 있는 환경을 만들어야 구성원 간 유대감이 생기고 협업할 수 있습니다.

미국 해병대에서는 장교가 병사들에게 배식하고 맨 마지막에 먹음으로써 솔선수범과 자기희생을 실천합니다. 이를 통해 리더에 대한 신뢰와 존경, 그리고 조직에 대한 자부심을 매일 쌓아갈 수 있는 것입니다.

위기 상황이 찾아오면 사람이라면 보통 생존본능으로 인해 자신만의 안전과 이익을 우선시합니다. 하지만 리더는 이런 본능을 억제하고 조직과 구성원들을 위해 자신을 내려놓을 줄 알아야 합니다. 이런 자기희생이야말로 리더를 리더답게 해주는 리더십의 가장 중요한 본질이기 때문입니다.

진정한 리더는 어떤 일이 닥쳤을 때 영향력을 발휘하는 것이 아니라, 평소에 긍정적 영향력을 경험할 수 있는 작은 신호를 계속해서 직원에게 보내야 합니다. 리더가 가장 마지막에 배식받는 신호를 매일 경험한 해병대원들은 실제 전쟁에서도 리더의 솔선수범을 기대합니다. 작전에 실패해 후퇴해야 할 때 가장 마지막에 남을 사람이 자신의 리더일 거라는 확신이 있기 때문입니다. 하지만 평소 이러한 신호를 주고받은 적이 없는 조직은 위기가 기회나 변화를 만드는 것이 아니라, 조직원의 급격한 이탈을 불러올 수 있습니다.

최고의 리더는 '성공한 리더'가 아니라 '성공하는 조직을 만드는 리더'입니다. 조직 구성원이 조직에서 신뢰받고 있으며 안전하다고 느낄 때 일의 성과나 능률도 뒤따르게 됩니다. 조직이 바라는 리더는 '좌우에 있는 사람들을 기꺼이 지켜주는 사람', '우리를 위해 자신의 편의를 기꺼이 희생하는 사람'일 것입니다. 이를 위해 조직 내 리더들은 위기 상황에서도 빛을 발하기 위해 평소 직원에게 무한한 신뢰를 주어야 할 것입니다.

PART 5

할많하않(?)
신구세대의 절규

소통 편

티칭이 아니라 코칭의 시대

　리더십에 있어서도 일방적으로 가르치는 티칭이 아니라 코칭의 시대가 되었습니다. 기존의 리더십은 팔로워들을 하나의 개체나 대상으로만 생각하는 경향이 있었습니다. 하지만 코칭리더십은 팔로워들을 각자 생각을 가진 사람, 스스로 자기를 성장시키려고 하는 인간으로 가정합니다.

　코칭은 개인이 이루고자 하는 목표를 어떻게 이룰 수 있는지 지원하는 것입니다. 축구로 비유하면 기존 리더십이 감독 리더십이었다면, 코칭 리더십은 감독은 물론 퍼스널 트레이너, 매니저의 역할까지 겸하는 것입니다. 리더도 혼자 하는 데는 한계가 있을 수 있으며, 리더가 가지 못한 길을 팔로워가 갈 수 있도록 해야 합니다. 그에 대해 자신이 가진 지식을 나눠서 도움이 될 만한 것들을 지원해주는 것입니다.

이미 글로벌 기업 및 국내 대기업을 중심으로 코칭 리더십은 대중화되고 있습니다. 내부 코칭 인스트럭터 제도를 통해 마스터 코치를 선정하거나 외부 교육 프로그램을 이용하기도 합니다.

전통적 리더십은 위계적이고 수직적인 개념으로 명령과 통제, 지시와 순종을 요구해왔습니다. 하지만 현대사회는 전통적인 리더십에서 벗어나 환경에 더 유연하게 대처하고 직원을 격려하고 이끌어주는 새로운 리더십을 필요로 하고 있습니다.

기존의 권위적 리더십이 많은 실패를 불러왔기에 직원들은 자신의 성장을 이끌어주는 리더와 함께 일하고 싶어 합니다. 경청과 칭찬, 참여, 동기부여를 통해 조직 구성원의 잠재력을 이끌어주길 요구합니다.

최근 MZ세대 직원이 다수를 차지하게 되면서 획일적인 관리에서 벗어나 개인에 초점을 맞추는 일대일 코칭을 권하는 조직이 늘고 있습니다. 일대일 코칭은 리더로서는 부담스러울 수 있습니다. 바쁜 업무에 치여서 시간 내기도 힘들고, 막상 일대일 코칭을 해도 어떻게 해야 할지 모릅니다. 하지만 이를 잘 활용한다면 리더를 리더답게 만들고, 직원들과 제대로 소통할 수 있게 해줍니다. 코칭을 효과적으로 하기 위해서는 리더의 태도, 좋은 질문, 그리고 직원의 열린 마음이 필수 조건입니다.

먼저 리더는 코칭 과정에서 바쁘다는 듯 서두르거나 숙제하듯 하는 느낌을 주거나 직원에게 무관심한 태도가 드러나면 안 됩니다.

미리 충분한 시간을 확보하고, 코칭에 집중하는 태도를 보여야 합니다. 진심으로 대하지 않으면 상대는 금방 알게 되며 서로 귀한 시간을 허비하게 됩니다.

둘째, 좋은 질문을 많이 준비해야 합니다. 일반적으로 물어봐야 할 질문과 고유하게 물어봐야 할 질문을 같이 준비해야 합니다. "요즘 업무에서 어떤 점이 힘들며 내가 무엇을 도와주면 좋겠어요?"가 공통 질문이라면, "지난번 회의에서 보니까 예전보다 업무에 흥미를 덜 느끼는 것처럼 보이는데 혹시 무슨 일이 있나요?"는 고유한 질문입니다. 좋은 질문 리스트를 만들수록 코칭의 효과는 올라갑니다. 질문 리스트를 만들기 위해 선배에게 물어보거나 관련 책을 읽으며 자신만의 질문 리스트를 만들어두면 좋습니다. 그리고 평소 직원을 관찰하면서 메모했던 것을 바탕으로 고유한 질문을 준비해야 합니다. 리더가 자신에게 관심이 있다는 사실을 알기만 해도 부서원은 신뢰감을 가지게 될 것입니다. 직원이 마음껏 자신의 이야기를 할 수 있도록 판을 깔아주는 질문을 많이 고민해보아야 합니다.

셋째, 평소 직원 사이에 신뢰 관계 형성을 통해 소통을 잘해놓아야 합니다. 리더는 경청하려는 태도와 좋은 질문으로 직원의 마음을 조금씩 열어두고 필요할 때 정기적 코칭을 통해 신뢰를 쌓아가야 합니다.

보통 코칭을 위해서는 1대1 코칭을 위한 질문을 만들어두는 게 좋습니다.

- 현재 일하는 게 어떤지?
- 만족스러운 점은 무엇인지?
- 개선하고 싶은 점은 무엇인지? 더 개발하고 싶은 영역은 무엇인지?
- 리더인 내가 어떤 일을 지원했으면 하는지?
- 중장기적으로 자신의 커리어는 어떻게 가져가고 싶은지?(커리어 비전)

말하는 비율은 리더가 30%, 직원이 말하는 비율은 70%로 가져가면 좋습니다. 중간중간 공감적인 반응을 통해 직원의 감정을 이해해주고 추가 질문을 하면 되며, 잘한 부분에 대한 인정과 칭찬의 말을 함께 하면 됩니다.

리더라면 티칭이 아닌 코칭을 통해 직원들의 마음도 얻고 조직의 성과도 함께 달성해나가는 지혜가 필요할 것입니다.

조직의 격(格)을 높여라

저는 조직마다 품격이 있다고 생각합니다. 회사 차원이나 부서 차원까지 성숙한 조직문화를 가진 곳이 있고, 동네 구멍가게보다 못한 문화를 가진 곳도 존재합니다. 좋은 조직문화는 '경험 → 믿음 → 행동 → 결론 → 그리고 다시 경험'이라는 반복 과정 속에서 자연스럽게 만들어집니다. 그런 의미에서 조직문화는 믿음을 설계하는 고차원적인 일이며, 어떤 믿음과 긍정적 경험을 제공할지 염두에 둬야 합니다.

사람은 보통 타인의 행동을 모방합니다. 보통 신입사원이 오면 처음에는 다른 직원들의 행동을 따라 하기 마련입니다. 주체적 존재로 자립하기 전에는 조직문화에 종속하고 의존하게 되기 때문입니다.

사회학자 에리히 프롬은 "인간은 자신을, 자신의 확신과 자신의 감정을 더는 자기 고유의 것으로 경험하지 않는다. 타인들과 구분되지 않을 때 자신과 일치한다고 느낀다"라고 했습니다. 자기 스스로 조직 내 고유한 사고와 행동을 하기 어려운 이유는 주변의 시선을 의식하고 실패를 두려워하기 때문입니다. 개인들이 자기다움을 상실할 때 조직은 평균적인 사고로 하향 평준화됩니다. 그리고 그런 과정을 통해 학습한 직원들은 침묵을 선택하게 됩니다. 그런 의미에서 조직 내 지켜야 할 가치는 게임의 규칙과 같습니다. 조직 내 허용되는 게임의 규칙이 잘 공유되고 내재화되면 직원들은 주체적인 판단을 하게 됩니다.

격 높은 게임의 규칙에서는 직원들이 부정 출발을 하지 않습니다. 조직에 헌신적인 직원은 학습 과정을 통해 '전문가'로 성장할 수 있게 됩니다. 품격 있는 조직을 만드는 것은 직원을 '성숙한 어른'으로 만드는 것과 같습니다.

보통 우리는 좋은 조직문화를 위해 강력한 카리스마를 지닌 리더의 필요성을 떠올리곤 합니다. 하지만 진정한 카리스마는 '사람들의 마음을 보듬고, 또 그들의 마음을 움직이게 해 세상을 바람직한 방향으로 이끄는 힘'입니다. 그런 의미에서 최고 의사 결정권자인 CEO(Chief Executive Officer)는 CEO(Chief Encouragement Officer) 즉, 최고 '격려자'가 되어야 합니다.

특히 리더라면 직원들의 '다양성'을 인정하고 '틀림'이 아닌 '다름'으로 수용해야 합니다. 강력한 말과 명령보다는 부드러운 말로 마음을 얻는 품격이 요구됩니다. 품위는 사람이 갖추어야 할 위엄이나 기품을 의미하기도 합니다. 직원들이 리더의 품격을 닮아가려 노력하면 강한 결속력을 이끄는 지름길이 될 수 있습니다.

품격 있는 사람들은 보통 '예의'를 갖춥니다. 물론 성과주의에서 실력은 중요한 요소이긴 합니다. 하지만 예의가 배제된 실력은 금방 바닥을 보입니다. 세상은 능력만 갖춘 리더보다 능력과 예의를 겸비한 리더를 원합니다. 리더십의 시작은 특권의식이 아닌 휴머니즘에서 발현되며 리더십의 본질은 헌신(commitment)이기 때문입니다.

세계 2차대전을 승리로 이끈 영국 총리 윈스턴 처칠이 1940년 수상으로 임명받으며 한 연설은 전쟁을 승리로 이끌고 영국인들의 결의를 다지는 데 결정적인 역할을 했습니다.

우리의 목적은 승리입니다.
어떤 희생을 치르더라도 이겨야 합니다.
전쟁이 아무리 길고 힘들더라도 승리해야 합니다.
우리가 이기지 못하면 우리 모두가 죽기 때문에 우리는 승리해야 합니다.

리더의 말 한마디가 조직의 운명을 좌우합니다. 우리 역사 속에도 이순신 장군이 임진왜란의 마지막 전투인 노량해전에서 "나의 죽음을 적이 알지 못하게 하라"는 말로 리더의 품격을 보여주었습니다.

품격은 조직의 경쟁력이자 신뢰의 척도입니다. 그러나 이런 품격
은 하루아침에 나오지 않습니다. 오랜 시간 학습하고 사회문화적으
로 성숙해야 가능합니다. 조직과 개인 차원의 격을 높이기 위해 다
양한 제도와 시스템을 보완해야 할 것입니다.

반말은 친구한테 하자

　얼마 전 우리나라에서 있었던 일입니다. 60대 손님이 편의점에서 20대 점원에게 반말로 "담배"라고 하자 점원도 "2만 원"이라고 반말로 답했다고 합니다. 화가 난 손님은 "어디다 대고 반말하느냐"며 점원에게 폭언을 퍼부었고, 모욕죄로 고발된 손님은 50만 원의 벌금형과 "존중받으려면 남을 먼저 존중하라"라는 법원의 일침을 받았습니다.

　남녀노소 상관없이 일방적인 반말을 들으면 인간이기에 기분이 나쁠 수 있습니다. 과거에는 직장에서 상사가 반말이나 폭언을 하는 것이 일상이었지만 최근 조직에서 그렇게 했다가는 사회생활을 영위하기 어려워질 수 있습니다.

　직장 경험상 반말을 하는 경우는 크게 두 가지로 나뉩니다. 첫 번째는 상사가 후배에게 하는 경우입니다. 업무 특성상 사수와 부사수 같은 자리거나, 부서장과 일반 직원과의 관계에서도 저는 되도록 존 댓말을 쓰는 것이 좋다고 생각합니다. 나이 여부를 떠나 상대를 성숙한 인격체로 존중하는 느낌이 들기 때문입니다. 두 번째로 반말하는 경우는 너무 친한 나머지 형, 동생이나 언니, 동생 하는 경우입니다. 저는 이 경우가 더 조심해야 할 상황이라고 생각합니다. 학연이나 지연 등으로 연결되었는지, 아니면 개인적인 관심사가 같거나 서로 너무 마음이 통해서 반말을 할 수도 있습니다. 하지만 길게 보면 서로에게 마이너스가 될 수 있습니다. 둘만 있을 때도 아니고, 다른 사람들과 함께 있는 공식적인 자리에서는 더욱더 이상하게 보일 수 있습니다.

직장은 개인적 성장과 조직의 성장을 위해 모인 곳입니다. 무엇보다 기업은 이윤을 통해 생존하거나 사회적 가치를 영위해나갑니다. 개인적 감정이 지나치게 앞서면 공과 사의 경계가 무너질 수 있습니다. 그래서 반말은 회사 밖에서 친구에게 하는 것이 가장 좋을 수 있습니다.

경험상 지나치게 친하게 격의 없이 형, 동생 하다가 오히려 업무적으로 큰 문제가 생긴 적도 있습니다. 사회생활은 어느 정도의 긴장감과 스트레스를 동반하는 것이 필요합니다. 그런 의미에서 동료 간 최소한의 예의를 지켜나가는 조직문화가 중요합니다.

존중이란 말은 말 그대로 서로를 높이고(尊) 귀중(重)하게 대하는 것을 의미합니다. 일방(一方)이 아니라 양방(兩方)이 존중의 핵심입니다. 그렇지 않으면 신뢰의 연결고리가 끊어지게 됩니다. 그래서 최근 직급·연차로 서열을 정하는 수직적 구조에서 벗어나 조직 내 역할에 무게를 둔 '수평적 조직'을 지향하는 기업이 늘어나고 있습니다. 고객과의 관계도 마찬가지입니다. 블랙컨슈머로 낙인찍히게 되면 고객 자신에게도 불리하게 작용할 수 있습니다. 결국 직원 상호 간 반복적으로 욕설·협박을 하는 사람이나 사람들을 하대하는 마음을 가진 사람은 반드시 곤란한 일을 경험하게 되는 시대입니다.

그런 의미에서 내부 직원 만족을 위해 조직문화를 관리하는 인사 부서도 단순히 인사팀이 아니라 인재경영팀이나 조직행복팀 등으로 재편되고 있습니다. 최근 HR의 'R'을 'resource(자원)'에서 'respect(존중)'로 바꿔서 변화를 도모하는 조직이 늘고 있습니다. 직원들을 더는 자원으로만 보지 않고, 신뢰와 존중의 개념으로 확장해서 바라보고 있기 때문입니다.

조직의 언어는 우리의 생각, 감정, 아이디어를 전달하고 소통하는 가장 강력한 도구 중 하나입니다. 그러나 언어는 단순히 정보를 전달하는 수단 이상이며, 우리의 품격과 인격을 반영합니다. 따라서 언어의 품격은 우리가 어떻게 표현하고 상대방과 대화하며 세상과 소통하는지에 큰 영향을 미칩니다.

옛말에 '삼사일언(三思一言)'이라는 말이 있습니다. 이는 말하기 전에 세 번을 심사숙고하라는 말로, 말 한마디가 얼마나 소중한지를 강조하는 것입니다. 또 '말 한마디로 천 냥 빚을 갚는다'라는 속담은 언어의 힘이 얼마나 큰지를 되새기게 합니다.

조직 생활을 하는 우리는 스스로 정제된 언어를 통해 품격 있는 사회인이 되어야 할 것입니다. 그렇다고 상대방을 향해 무조건 좋은 말만 하는 것을 의미하지는 않습니다. 상황에 어울리고 적절한 말을 골라서 할 수 있어야 합니다.

어린아이와 어른이 다른 이유는, 아이는 가끔 말보다는 행동으로 감정을 드러내곤 합니다. 하지만 어른이 된다는 것은 말을 절제할 줄 아는 것을 의미합니다. 상사를 살리고 후배를 살리는 언어 습관을 의식적으로 가져야 합니다. 예의 있는 언어, 긍정의 언어를 통해 조직을 살리는 겸손한 사회인이 되어야 할 것입니다.

꼰대보다는 아재

직장 내 선배 그룹들은 젊은 직원들에게 꼰대로 인식될까 봐 노심초사하는 분위기입니다. 과거에는 아무렇지도 않았고 선배들도 그렇게 하며 직장 생활을 잘 보내고 퇴사했는데 하필 자신의 세대에 와서 이렇게 엄격한 잣대를 들이대냐는 불평도 있을 것입니다.

하지만 세상이 바뀌고 조직 내 인구통계학적 변화도 생겼습니다. 과거의 향수에 묻혀 오늘을 돌아보지 않는다면 진정한 꼰대로 남을 수 있습니다.

온라인에 떠도는 '꼰대 구별 체크리스트'가 있습니다.

■ 사람을 만나면 나이부터 확인하는 습관을 가졌다면 100% 꼰대
■ 대체로 명령조로 말하는 습관을 가졌다면 100% 꼰대
■ 후배의 업적에 대해 칭찬보다 약점에 대해 언급한다면 100% 꼰대

- "내가 너만 했을 때"를 입에 달고 산다면 100% 꼰대
- 유명인이나 고위직에 있는 사람과의 인연을 자주 자랑한다면 100% 꼰대
- 사람들이 자신을 부르는 호칭에 유난히 민감해한다면 100% 꼰대
- 칭찬을 들어도 그 칭찬의 양과 질에 불만이 많은 사람이라면 100% 꼰대
- 자유롭게 이야기하라고 해놓고 자신의 생각과 주장을 많이 하는 사람 100% 꼰대
- 연애나 자녀계획 같은 사적인 이야기를 해결해주려고 안달 난 사람 100% 꼰대
- 자신의 의견에 반대한 후배에게 두고두고 토라져 있는 사람이라면 100% 꼰대

10개 항목 중에서 7~8개에 해당한다면 '진정한 꼰대'

시장조사 전문기업 엠브레인 트렌드모니터는 만 19~59세 직장인 1,000명을 대상으로 '2023 꼰대 관련 인식 조사' 결과 응답자의 44.8%가 '꼰대가 될까 두렵다'라고 답했습니다. 반면 '나이'를 꼰대의 기준으로 택한 경우(29.2%)는 상대적으로 적었습니다. 응답자의 93.5%는 '나이가 많다고 다 꼰대는 아니다'라는 데 동의했습니다. 이는 우리에게 많은 것을 시사합니다. 젊은 직원들이 배울 수 있고 자신의 성장에 도움 되는 조언이라면 얼마든지 수용할 마음의 준비가 되어 있다는 뜻이기 때문입니다.

이번 조사에서 '꼰대' 하면 생각나는 이미지(중복응답)로 '권위적'이

라는 답이 62%로 가장 많았으며 '고집이 세다'(58.7%), '말이 통하지 않는다'(53.7%), '참견하기 좋아한다'(44.2%)가 뒤를 이었습니다. 특히 꼰대의 특징은 '능력은 없으면서 대접받기를 바란다'(61.3%), '자기 생각에 대해 강한 확신이 있다'(50.8%), '서열에 따라 옳고 그름을 판단한다'(44.6%)라는 답도 있었습니다.

'과거보다 편하게 일하는 후배를 못마땅하게 여긴다'라는 점이 꼰대의 특징이라는 응답은 연령대가 낮아질수록 찬성률이 높았습니다. 이를 극복하려면 '내 가치관이 틀릴 수 있음을 인정'(56.0%)하고 '잘못된 부분을 고쳐나가려는 태도'(45.0%)를 가져야 한다고 봤습니다. '나이나 지위로 대우받으려 하지 않는 태도'(44.1%)도 중요합니다.

선배라는 명목으로 "기분 나쁘게 듣지 말고… 다 너를 위해 하는 말이니까"라는 말로 시작하는 것만 보아도 내용은 잔소리이고 오지랖인 경우가 많습니다. 좋은 얘기도, 재미있는 얘기도, 무엇보다도 별 도움 되는 얘기도 아니면서 내 의지에 반하는 그 무엇을 요구한다면 상대가 기분 좋을 리 없습니다.

가치관을 달리하는 사람의 시선은 불편하고, 자기결정권을 침해하는 조언은 누구나 거북해하고, 우월한 지위나 우월감에 근거한 충고는 자존감에 생채기를 냅니다.

'라떼는 말이야', 'Latte is horse'라는 언어유희가 일상생활에서 자주 사용되고 있는 현상은 자신의 경험을 강요하며 그것이 옳다고 말하는 앞선 세대에 대한 청년세대의 풍자라는 것을 알 수 있습니다.

하지만 '꼰대'라는 의미가 예전처럼 '나이 많은 사람'을 가리키며 세대 차이에서만 나타나는 것은 아닙니다. 영국의 BBC 방송은 2019년 '오늘의 단어'를 '꼰대'로 선정하고 이를 하나의 현상으로 소개하면서 '자신이 항상 옳다고 믿는 나이 많은 사람', '타인을 틀렸다고 지적하는 사람'이라고 소개했습니다.

여기에서 우리는 꼰대라는 단어를 너무 쉽게 웃음거리로 삼거나 방어를 하기 위해 쓰고 있는 건 아닌지 되돌아볼 필요가 있습니다. 실제 직장 내 상사가 업무와 관련한 도움을 주고 싶어도 듣는 사람이 '꼰대'라는 생각에 귀를 막아 소통이 막힌다는 현장 의견도 많기 때문입니다. 자신들은 옳고 합리적이고, 기성세대는 구식이라고 치부해버리는 것은 조직문화에 엄청난 해를 가할 수 있습니다. 이와 같은 단절을 겪으면 상사는 소통을 포기하게 됩니다. 부하 직원의 경우 상사의 잔소리로부터 자유롭다고 생각할 수 있지만, 종국에는 성장의 기회를 놓칠 수 있습니다.

물론 꼰대가 아닌 아재로서 소통하기 위해서는 윗세대가 먼저 강압적인 태도를 버려야 합니다. 논쟁이 필요한 부분이 있을지라도 부드럽게 대화를 시작하는 것이 중요합니다. 꼰대보다는 오히려 아재처럼 따뜻한 조언을 통해 젊은 직원들의 성장을 진심으로 도와준다면 모든 사람에게서 존중을 받을 수 있을 것입니다.

기버(giver) 키우고 테이커(taker) 걸러라?

우리는 흔히 '비즈니스는 기브 앤 테이크(give and take)'라는 말을 흔히 사용합니다. 너무 퍼주기만 하면 손해 본다는 생각을 많이 하곤 합니다.

와튼스쿨 애덤 그랜트 교수는 '타인을 위해 베풀고, 헌신하는 삶이 성공으로 이어지는지' 연구를 통해 증명한 바 있습니다. 그는 사람들을 상호작용 과정을 통해 세 가지로 구분했습니다.

첫째, 자신이 받은 것과 상관없이 최대한 많이 주고 싶어 하는 '기버(giver)', 둘째, 준 것보다 더 많이 받고 싶어 하는 '테이커(taker)', 마지막으로, 주는 만큼 받고 받은 만큼 주고자 하는 '매처(matcher)'입니다.

기버는 상대방의 유익을 고려하며 누군가를 돕고자 하는 사람입니다. 테이커는 기버의 반대편에 있는 사람들로, 세상을 생존을 위한 경쟁의 장으로 봅니다. 성공을 위해 남들보다 뛰어나야 하는 것은 물론 자신의 이익을 최우선으로 여깁니다. 컨설턴트, 변호사, 의사, 사업가, 기술자, 영업사원, 작가 등 다양한 직업군의 성과도를 측정한 결과 기버가 성공 사다리의 밑바닥을 차지하고 있는 것으로 나타났습니다. 하지만 놀라운 것은 성공 사다리의 맨 꼭대기에 오른 사람들 역시 기버였다는 점입니다. 성공의 양쪽에 있는 기버는 꼴찌와 최고의 가능성을 가진 존재였습니다.

특이한 점은, 기버의 성공은 그 반대편에 패자(敗者)가 없다는 점입니다. 물론 테이커나 매처도 성공할 수는 있습니다. 하지만 이들의 성공 뒤에는 늘 패자가 존재했습니다. 패자들은 테이커의 성공을 시기하여 빈틈을 노리곤 합니다. 그에 비해 기버는 주변 사람들도 함께 성공하고 그들의 행복에 진심이기에 주변 사람들도 그의 성공을 응원합니다.

누군가에게 도움 주는 행동은 당장 손해 같지만 멀리 보면 다릅니다. 기버가 사람들의 신뢰를 얻기까지는 특정 시간이 필요합니다. 하지만 이 시간은 기술의 발전과 SNS의 영향으로 점점 짧아지고 있습니다. 어느 시대보다 빠르게 정보를 수집하고 확산시키는데, 사람과 기업에 대한 평가 역시 마찬가지입니다.

기버가 성공하는 또 다른 이유는 조직 자체가 대부분 팀 체제로 업무를 진행한다는 점입니다. 팀 특성상 정보를 공유하고, 남들이 꺼리는 일을 자원하고 희생하는 기버가 있어야 제대로 된 성과를 낼 수 있습니다. 물론 베풀기만 하며 자신이 번아웃이 되는 실패한 기버를 경계해야 합니다.

그렇다면 테이커는 어떻게 알 수 있을까요? 테이커는 부, 권력, 경쟁에서 승리를 추구합니다. 반대로 기버들은 세상에 대한 기여, 책임감, 약자에 대한 배려, 타인에 대한 공감을 추구합니다.

테이커를 알아보는 방법은 '약자'에 대한 태도입니다. 윗사람에겐 아부하고 아랫사람은 짓밟는 것입니다. 테이커는 강한 사람에게는 아부를 일삼지만, 약한 사람은 무시하거나 지배하려 합니다. 테이커는 실력 있는 동료나 후배를 위협이라고 생각합니다. 이익에 따라 편을 가르고 카르텔을 형성합니다.

하지만 기버는 강자인지 약자인지 상관없이 일관된 태도를 보입니다. 전문가에게 권한을 주고 존중합니다. 그리고 후배들의 성장을 지원합니다. 하지만 공동체 이익에 배치되는 경우는 누구보다 비판적인 태도를 통해 균형을 잡아나갑니다.

테이커의 영향력이 높은 조직에서는 직원들은 본능적으로 자신의 방어기제를 발동합니다. 상대에 대한 경계심으로 상생과 협력이 어려워집니다. 제한된 에너지를 부정적 에너지로 쓰다 보면 조직 전체의 생산성이 하락합니다. 협력이 필요한 사회적 자본이 취약해지는 것입니다. 이런 불안감은 개인뿐 아니라 조직 전체에 악영향을 미치게 됩니다.

조직이 발전하기 위해서는 테이커의 횡포를 막고 영향력을 차단

해야 합니다. 그리고 기버가 성공할 수 있도록 조직문화의 토양을 비옥하게 해야 합니다. 진화론을 창시한 찰스 다윈은 다음과 같이 주장했습니다.

> 언제든 서로 돕고, 공공의 이익을 위해 자신을 희생할 준비가 되어 있는 개체가 많은 종이 거의 모든 종을 누르고 승리를 차지할 것이다. 그것이 자연선택이다.

창의력과 융합적 사고가 필요한 조직에서는 기버의 역할이 중요합니다. 자기 이익만 챙기려고 다투는 '콩가루' 조직은 위기에 직면하게 될 것입니다.

애리조나대 나삿 팻사코프 교수팀이 다양한 국가의 사업 조직 3,500여 개를 대상으로 한 연구에서도 이와 유사한 결론이 나왔습니다. 베푸는 행동(giving behavior)이 기업의 수익성, 생산성, 고객 만족, 비용경쟁력 등과 높은 상관관계를 보였다는 것입니다. **베푸는 행동이 효율적인 문제 해결과 조정 활동을 촉진하고, 더 나아가 고객과 공급자 등에게 긍정적으로 작용하기 때문**이라고 설명합니다.

조직을 경영하는 사람이라면 도움과 긍정 에너지를 발휘하는 기버를 인정하고 그들에게 보상해야 합니다. 또한 테이커를 걸러내는 시스템을 만드는 것 또한 중요한 시대라는 점을 잊지 말아야 할 것입니다.

조직의 검은 그림자, 오피스 빌런

인력 회사 리쿠르트가 최근 814명을 대상으로 설문 조사를 실시한 결과, 10명 중 8명이 '회사에 오피스 빌런이 있다'라고 답했습니다. 응답자에게 '당신이 오피스 빌런은 아닌가' 물었더니 82.1%가 자기는 아니라고 했습니다. 세간에는 '당신 사무실에 빌런이 하나도 없으면, 자신이 오피스 빌런이다'라는 농담도 있습니다.

고대 로마의 대형 농장(villa)에 속했던 농부를 뜻하는 '빌런(villain)'은 영화 용어로 많이 쓰였습니다. 영웅(hero)을 괴롭히는 악당을 말합니다. '오피스 빌런'은 조직문화를 크게 훼손합니다. 동료들의 노동 의욕을 꺾는 것은 물론, 생산성까지 저하합니다. 사무실에서 손발톱을 깎고, 거침없이 트림하는 사람 등 작은 '빌런'도 있지만 진짜 악당은 따로 있습니다. 세 번을 청해야(삼고초려) 일한다는 '제갈공명 빌런', 신기술과는 담쌓은 '흥선대원군 빌런', 편 가르기를 좋아하는 '파워레인저 빌런', 퇴근 시간만 되면 하던 일도 내팽개치는 '신데렐라 빌런'이 직장인들이 꼽는 악성 빌런입니다. '꼰대'만 악당이 되는 것도 아닙니다. 업무를 지적하면 울먹거리는 '눈물 빌런', 회사 급여와 복지만 따지는 '징징이 빌런'은 주로 젊은 층이라고 합니다.

공공기관, 공기업 등 주인 없는 회사는 오피스 빌런의 좋은 '서식처'입니다. 한 공기업은 헬스장에서 업무를 시작하며 '기둥 뒤에 숨어 정년퇴직을 맞겠다'라고 하는 '월급 루팡'이 잘 자라는 토양이 되기도 합니다.

특히 막말하는 상사는 젊은 직원들의 퇴사에 영향을 주기도 합니다. 직장 내 갑의 위치에 있는 사람들은 많은 자원을 가질 수밖에 없어서 성취지향, 목표지향적이 되기 쉽습니다. 권력을 가진 사람들은 자신의 목표에 주의를 집중합니다. 목표 외에 다른 것은 보이지 않아 주변 고통을 인식하기 어려운 구조이기 때문입니다.

하지만 세상에 영원한 '갑'은 없습니다. 주요 보직도 역할일 뿐, 자기 자신은 아닙니다. 소수 오너 중심의 로열 패밀리를 제외하고는 모두가 똑같이 평범한 월급쟁이일 뿐입니다. 스스로 엄청난 권력을 가졌다는 건 착각입니다. 여야가 바뀌듯이 권력도 순환합니다. 내가 부린 갑질이 언젠가는 부메랑이 되어 다시 돌아온다는 것을 기억해야 합니다.

테사 웨스트 뉴욕대 사회심리학 교수는 어색하고 불편한 사이의 사람들이 어떻게 소통해야 하는지 연구해왔습니다. 20여 년간 3,000여 명을 인터뷰하며 진행한 연구를 바탕으로 직장 내 빌런 관련 조사 결과를 발표했습니다. 직장 빌런들은 동료를 괴롭히는 방식에 패턴이 있었습니다.

먼저 '강약약강형'입니다. 이들은 수단과 방법을 가리지 않고 성공을 쟁취하려 합니다. 동료와 부하 직원 등 모두가 경쟁자이기에 수시로 선을 넘습니다.

가장 싫어하는 부류 중 하나는 '성과 도둑'입니다. 이 양의 탈을 쓴 늑대는 친구처럼 살갑게 굴다가 훔칠 만한 아이디어나 성과가 보이면 순식간에 신뢰를 저버립니다.

MZ세대가 소름 돋게 싫어하는 '무임승차자'도 있습니다. 이들은 노력 없이 숟가락 올릴 기회는 귀신같이 찾아냅니다. 이들은 팀워크를 중시하고 여러 사람과 친해서, 지적하기도 쉽지 않습니다.

'불도저'는 풍부한 경력과 인맥으로 의사 결정을 독점하려 합니다. 공포와 겁박을 활용하고, 사내에서 유능한 리더십으로 칭찬받기도 합니다. 협력을 모르는 일방적인 빌런 아래 직원들은 속병이 커집니다.

'통제광'은 직원의 개인 시간과 공간을 존중하지 않고 마이크로 매니징하는 상사입니다. 이들은 문제 해결력이나 상황을 통제할 능력이 없어서 늘 불안해하고 과도하게 통제합니다.

'가스라이팅형'은 남을 기만하기 위해 작업 프레임을 미리 만듭니다. 희생자를 고립시키고, 다음으로는 자기 입맛에 맞는 대안적 현실을 구축해나갑니다.

빌런들이 능력 없는 때도 있지만, 네트워크가 탄탄하고 타인의 능력을 파악하는 능력이 우수한 경우가 많습니다. 상사들이 조직 내 빌런을 어떻게 다룰지 배운 적이 없는 것도 큰 문제입니다. 빌런들을 이겨내는 방법은 결국 건강한 조직문화입니다. 여러 규정과 시스템으로 직원들의 목소리가 의사 결정권자에게 들어갈 수 있게 해야 합니다.

젊은 빌런들이
온다

인사고과를 낮게 줬더니 대놓고 일하기 싫은 티를 내네요. 연봉이 적다고 이직을 입에 달고 사는 모양인데 실제 퇴사는 안 하고… 괴롭습니다.
목소리 큰 이 친구가 분위기를 주도하는 탓에 사무실에서 '왕따'가 되고 있어요. 회의 때도 팔짱 끼고 앉아 제 제안은 무조건 반대하는데 이젠 출근이 두려울 정도입니다.

최근 국내 최대 팀장 커뮤니티 '팀장클럽'과 관리자급 대상 기업

교육에서 '역가스라이팅' 관련 사연이 부쩍 늘었다고 합니다. 통상 상사 스트레스가 아닌, 반대로 은밀하게 괴롭히는 후배 탓에 오히려 상사나 선배가 정신적 고통을 겪게 되는 일이 비일비재하다고 합니다.

리더급을 대상으로 MZ와의 소통 능력이나 리더십 교육은 많아지고 있지만 '부하 직원발(發) 직장 내 괴롭힘'은 아직 수면 아래에 있습니다. 부하 직원이 상사를 괴롭히는 '상향식 괴롭힘(upward bullying)'은 해외에서도 점점 더 큰 문제로 부각되고 있습니다. 미국 '직장 내 괴롭힘 연구소(WBI)'에 따르면 상향식 괴롭힘은 미국 기업 전체 괴롭힘 사례의 14%를 차지하는 것으로 나타났습니다.

괴롭힘을 당하는 관리자들은 우울증, 불안, 건강 악화 등의 정신적, 신체적 피해는 물론이고 평판 저하, 직위 강등, 퇴사에 이르기까지 악의적 피해를 보고 있었습니다. 조직 관리 관점에서 상향식 괴롭힘을 개인 차원의 리더십 문제로 치부해서는 사태만 더 악화시킬 수 있습니다.

조직문화 전문 컨설팅업체 나발렌트의 론 카루치 공동 설립자 등 연구진에 따르면 상향식 괴롭힘은 대개 '정보 은폐하기' 등 미묘한 가스라이팅에서부터 시작된다고 합니다. 이후 헛소문을 퍼뜨리고 따돌리며 불복종하는 단계로 진행되는 것이 전형적입니다. 이를 극복하기 위해 상사는 부끄러워하지 말고 문제를 공식화해야 합니다. 인사팀이나 상사 등을 통해 피해 사실을 알리고 중재 요청을 해야 합니다. 무례함이 이미 극복할 수 있는 수준을 넘었다면 가해 직원을 내가 한번 '개과천선'시켜보겠다는 미련도 과감히 버려야 합니다. 또한 상황이 발생할 때마다 피해 사실을 상세하게 글로 정리해놓을 필요가 있습니다. 이것이 향후 증거가 될 수 있고, 괴롭힘의 원인이나 패턴을 찾는 데도 도움이 되기 때문입니다.

이를 위해 조직 차원의 슬기로운 대처도 중요합니다. 예컨대 임원에게 몇 단계 아래 직급의 직원들이 자신의 직속 팀장에 대해 할 말이 있다며 찾아왔을 때 '여론'을 의식해 무조건 발언자들에게 일방적으로 동조해선 안 됩니다. 이 문제를 자세히 살펴보겠다고 중립적으로 답하고 일단 돌려보낸 뒤에, 편견 없이 상황을 중재할 전문 코치나 인사팀을 통해 진상을 규명해야 합니다.

상향식 괴롭힘은 그 희생양이 주로 윗사람들에게 신임을 덜 받고 있거나 회사의 '권력 표준'에서 벗어난 상사들을 타깃으로 합니다. 이는 약한 친구를 괴롭히는 학교 폭력과도 다를 바 없습니다. '갑질 상사'만큼이나 유해한 '갑질 부하'의 유해성을 조직 내에서 살피고, 늦기 전에 이를 적절히 제어하는 조직 내 안전장치를 마련해나가야 할 것입니다.

복도통신은 복도에서 끝내라

직장 생활을 하다 보면 좋은 소식보다 나쁜 소식이 더 빨리 퍼지는 것을 느끼게 됩니다. 더 나아가 사내 정치를 하며 실세라는 명목으로 세를 불리고, 그러다가 선을 넘게 되고 결국 그게 자신의 발목을 잡아 징계를 받거나 퇴사까지 하는 경우도 종종 있습니다.

사내 정치란 회사에서 자기 파벌을 만들어 입지를 공고히 하려는 행위를 말합니다. 직장인 대부분은 자신이 속한 직장에서 사내 정치가 만연하다고 생각하는 것으로 나타났습니다.

2019년 기업 정보 공유 사이트인 잡플래닛이 직장인 2만 3천여 명을 대상으로 실시한 설문조사 결과 '사내 정치, 파벌이 매우 많다'라고 응답한 비율은 39%였습니다. '일부 있다'라고 답한 44%까지 합치면 83%입니다.

직장인 10명 중 8명이 사내 정치에 노출되어 있습니다. 이는 어제

오늘의 이야기가 아닙니다. 2010년, 2013년, 2016년에 HR 업체들의 조사 결과 응답자 10명 중 8~9명은 사내 정치가 분명히 있다고 응답했기 때문입니다.

사내 정치를 바라보는 직장인들의 마음은 복잡합니다. 사내 정치의 기준이 분명하지 않기 때문입니다. 사내 정치가 마치 소통이나 조직 적응력으로 비치기도 하기 때문입니다. 자신의 평판을 관리하거나 자기 PR의 자연스러운 부분이라는 의견도 있습니다.

사내 정치는 은밀히 진행되고, 상대방에게 심리적 '가스라이팅'을 하는 경우가 많아 객관적인 고발이 쉽지 않습니다. 도 넘은 사내 정치에 대해 징계를 내리기 위해서는 증거 수집이 수반되어야 하기 때문입니다.

어느 조직이든 험담과 뒷담화로 관심을 끌며 자신의 입지를 강화하려는 사람이 있기 마련입니다. 복도에서 이야기하는 뒷담화는 부정적이고 '뇌피셜'에 기반한 자극적 내용이 많습니다. 그렇기에 시간이 지나면서 소문은 눈덩이처럼 커지고, 당사자는 큰 상처를 입고 퇴사를 하거나 누군가는 민형사상 책임을 질 수도 있게 됩니다.

기업은 기본적으로 팀제로 운영됩니다. 조직 차원에서는 팀 간 경쟁을 통해 발전을 도모하려 하지만 지나치다 보면 부작용을 많이 낳습니다. 특정 경영진이 힘을 실어주는 부서에만 전사적인 협력을 강요해 타 부서와 갈등이 일어나곤 합니다.

온라인 커뮤니티에는 직장 상사가 회식이나 티타임을 활용해서 뒷담화를 주도한다는 글이 많이 보입니다. 일부 직장 상사가 뒷담화를 주도하는 이유는, 자신의 철학이나 기준과 조금만 다르면 잘못된 것이라는 권위적인 사고를 통해 나에게 우호적이면 아군, 경쟁하면 적군으로 만들기 위해서입니다.

직장인이라면 어쩔 수 없이 눈치 빠르게 판세를 읽을 수 있어야 합니다. '입사는 IQ지만 승진은 PQ다'라는 말이 있습니다 PQ는 정치지수입니다. 최근 한 걸그룹 소속사 대표의 기자회견은 단순한 기자회견을 넘어 한국 사회의 직장 문화, 특히 상위 직급에서의 부적절한 행태를 고발하였습니다.

특히 "내가 너희처럼 기사를 두고 차를 끄냐, 술을 ×마시냐, 골프를 치냐", "맞다이로 들어와. 뒤에서 지×하지 말고"와 같은 발언은 많은 직장인이 경험하지만 드러내지 못한 현실을 직설적으로 나타냈습니다. 이는 거대 이익단체나 엘리트 집단에 린치를 당하는 '을'로서 날것의 분노 감정을 대중과 공유했기 때문입니다.

이를 본 한 네티즌은 "직장인들은 공감할 거다. 사내 정치 진짜 × 같다. 회식 자리에서 비위 맞춰야 하고, 능력보다는 비위 잘 맞추는 사람이 승진하고. 임원들은 맨날 술 마시러 다니고…. 그의 기자회견이 심금을 울렸다"라고 말했습니다.

그의 기자회견 이후 어록을 담은 '힙합 티셔츠'가 등장하는 등 상업적인 요소로도 확장되었습니다. '모든 눈이 내게 향해(All eyes on me)', '늙은 얼간이들이 너무 많다(Too many old jerks)' 등의 문구가 적힌 티셔츠는 그의 당당함과 반항적인 태도를 상징하는 아이템으로 젊은이들 사이에서 인기를 끌기도 했습니다. 이번 사건은 많은 직장인에게 용기를 주었으며, 사회 전반에 직장 내 좋은 조직문화란 무엇인지 질문을 던졌습니다.

물론 직장인이라면 CEO부터 말단까지 누구도 정치에서 자유로울 수 없습니다. 하지만 일방적이고 날조된 험담은 시간이 필요할 뿐 언젠가는 당사자 귀에 들어간다는 사실은 진리 중의 진리입니다. 월급을 받고 생활하는 같은 샐러리맨으로서 누구도 한 사람의 인생을 함부로 재단해서는 안 될 것입니다. 인간 대 인간으로서 최소한의 예의로 바라볼 필요가 있을 것입니다.

그리고 조직 차원에서도 복도통신을 개인 맥락으로 치부하지 말고 양성화해서 조직문화로 승화시킬 수 있는 제도적 장치를 마련해 나가야 할 것입니다.

누가 회의하자는 소리를 내었는가?

회의는 직장인의 필수 업무 중 하나입니다. 하지만 온라인 커뮤니티에는 회의 무용론이 팽배합니다. 최근 언론 조사 결과 직장인 중 약 70%가 불만족스러운 회의를 경험한 적이 있다고 답했습니다. 회의가 불만족스러운 이유는 '결론 없이 끝나서'라는 답변(27%)이 가장 많았습니다. 어느 직장인은 아무리 해도 결국 상사 의견대로 흘러가 '보여주기식 회의'라고 말했습니다.

응답자의 61%가 이상적인 회의 시간으로 '30분 이내'를 꼽았습니다. 하지만 실제로 절반 이상이 30분~1시간, 혹은 1시간을 넘는 경우도 19%로 나타났습니다. 회의 주제와 상관없는 사담으로 인해 회의가 산으로 가거나, 책임지기 싫어 말을 돌리면서 한없이 늘어지기 때문입니다.

최근 미국 노스캐롤라이나대의 스티븐 로겔버그 교수가 미국 직장인 632명을 대상으로 조사한 결과, 회의에 쓰는 시간은 주당 18시간에 달했습니다. 하지만 3분의 1가량은 꼭 필요하지 않은 회의라고 여겼습니다. 로겔버그 교수팀은 이런 식으로 불필요한 회의 참석에 낭비되는 비용이 5,000명 이상 대기업 기준 연간 1억 100만 달러(약 1,300억 원)에 이른다고 추산했습니다.

직장에서 회의가 잘 안되는 이유는 리더에 의한 일방적인 회의와 의사 결정 때문입니다. '회의를 회의'하게 되는 겁니다. 자유롭게 의견을 말하라고 하고 결국은 상사 맘대로 결정됩니다. '답정너'인 것입니다.

그리고 개인, 팀의 KPI 문제 때문입니다. 대부분 개인별, 팀별, 본부별 KPI가 정해져 있고 평가 결과에 따라 승진과 보상(incentive)이 결정됩니다. 그런데 회의는 보통 나의 KPI와 직접적 연관이 없는 경우가 많습니다. 이런 경우 대부분은 집중하지 않게 됩니다.

세 번째는 목소리 큰 놈이 이기는 문화 때문입니다. 유독 목소리가 크거나 말이 많은 사람이 있습니다. 다른 사람의 의견을 경청하지 않고 자신의 주장만 고집합니다. 이런 사람이 회의를 주도하면 혼자만의 메아리만 남게 됩니다.

이를 극복하기 위해서는 회의 자료 및 의사 결정 포인트가 사전 공유되어야 합니다. 회의 자료는 최소 2~3일 전에 배포되어야 하고, 회의를 개최하는 배경과 의사 결정 포인트가 무엇인지 공유되어야 합니다. 타 부서에서 참석하는 사람이 최소한 회의 관련 자료를 읽고 리더와 상의한 후 자기 부서의 의견을 정리할 시간을 줘야 하기 때문입니다.

둘째, 참석자의 발언 시간을 동일하게 보장해야 합니다. 상사나 목소리 큰 사람이 주도해서는 안 됩니다. 참석자들에게 발언 시간을 균형 있게 안배해야 합니다. 발언하지 않는 사람에게도 기회를 주어야 합니다. 훗날 '나는 아무 말 안 했어'라고 하며 빠지는 것을 방지할 수도 있습니다.

셋째, 쟁점에 대한 전체 토론을 통해 합리적 결과를 도출해야 합니다. 다양한 부서가 참석한 회의에서는 의견이 대립할 수 있습니다. 이런 경우 충분히 토론할 수 있도록 해야 합니다. 회의 주재자는 대립하는 의견의 쟁점을 명확하게 정리해주어야 합니다.

최근 젊은 MZ세대의 경우 개성이 강하고 합리적 의사 결정을 기대합니다. 선후배, 상사의 지위를 떠나 공정하고 동등하게 토론하기를 원합니다. 특히 최근 세계적으로 '회의중독(meeting madness)'에 대한 우려가 큽니다. 하버드비즈니스리뷰(HBR), 포브스, Inc 등 여러 경영 잡지들이 회의중독의 폐해와 극복 방안을 다루고 있습니다. 미국 기업들은 하루 평균 5,000만 건 회의를 하는데, 이들 중 83%는 안 해도 되는 회의라고 합니다.

리더의 경우 보통 회사에서 80%를 회의로 낭비된다고 합니다. 미국 어느 대기업에서 중간 관리자들이 일주일 회의 시간을 돈으로 환산했더니 연 2,100억 원이 넘었다고 합니다. 미국 전체적으로 회의로 인해 연간 약 51조 원의 기회비용이 발생한다고 합니다. 관리자 한 사람이 일주일 평균 23시간 회의에 참석하는데, 1960년대의 10시간에 비해 두 배 이상 증가한 것은 많은 것을 시사해줍니다.

76개 미국 기업 대상 조사(HBR)에서는 회의를 40% 줄이자 생산성은 71%, 만족도는 52% 증가했고, 60% 줄였더니 협업이 55% 증가하고 스트레스는 57% 줄었다고 합니다. 회의를 80% 줄였을 때는 구성원들이 '미세 관리당하고 있다'라는 느낌이 74% 줄었고, 의사소통은 65% 더 명료해졌다고 합니다.

회의중독은 리더가 불안해서 소집하는 경우가 많습니다. 회의중독 치유를 위해 모두가 참석하는 전체 회의보다 관련자 위주의 제한적 회의가 효과적입니다.

생산성 없이 형식적으로 하는 주간 및 월례회의 등은 없애는 것이 좋습니다. 반복되는 회의는 회의의 가치를 떨어뜨리고, 정해진 주제에서만 논의가 맴돌게 되는 집단적 '앵커링(anchoring) 편향'을 유발할 우려가 크기 때문입니다.

또한 회의는 짧을수록 좋으며, 이상적 회의 시간은 48분이라고 합니다. 개인이 초집중할 수 있는 시간은 25분인 것으로 나타났습니다.

야후의 전 CEO 머리사 메이어처럼 '10분 마이크로 미팅'을 시도하거나, 『초격차』(권오현)에서 말하듯이 발표 자료를 1~2쪽으로 하는 등 회의 준비 최소화 규칙도 필요합니다. 특히 연속 회의는 절대 피해야 합니다. 회의를 끝내고 정신적으로 그 영향에서 벗어나기까지는 적어도 45분이 필요하기 때문입니다. 가장 중요한 것은 참석자 제한 규칙이며, 연구 결과 7명이 넘으면 회의 효과가 반감하는 것으로 나타났습니다.

회의 참석 요청 시 필요에 따라 "노(No)"라고 할 수 있는 조직문화가 필요합니다. 회의 미참석 시 사유를 따지지도 않고 불성실하다거나 회사 충성도가 낮은 것으로 치부해서는 안 됩니다. 이렇게 되면 구성원들은 'FOMO(Fear Of Missing Out, 낙오공포)'를 느껴, 성과를 내는 일보다는 회의 참석을 더 중요시하는 부작용을 낳을 수 있습니다.

회의는 나 혼자 하는 것이 아닌 만큼 곱하기 참석 인원수만큼의 비용이 발생한다는 것을 잊지 말아야 합니다. 누군가가 자기만족이나 책임 회피를 목적으로 무턱대고 회의하자는 소리를 남발하는 조직이 되지 않게 모두가 지혜를 모아야 할 것입니다.

모세의 수평 문화

모세는 고대 이스라엘의 중요한 인물 중 하나로, 성경에서 그의 이야기가 다루어지고 있습니다. 모세가 전해준 율법은 공동체 안의 약자를 돌보는 것이 정의이며, 하늘 아래 모든 사람은 평등하다고 주장했습니다. 향후 평등사상이 이스라엘의 '후츠파 정신'으로 이어지게 되었습니다. 모세가 가져온 율법은 정의와 평등을 목표로 '민주주의'라는 새로운 시대정신을 담은 것이었습니다.

'신 아래 모든 인간은 평등하다'라는 정신으로 세계 최초의 민주주의 제도를 도입했습니다. 왕이 없는 지파별 공동체를 꾸려 평등사회를 지향하여 12지파 간 조정을 위한 판관을 선출했습니다. 하느님만이 유일한 통치자이자 군주라고 여기는 데는 유대인의 뿌리 깊은 평등사상이 담겨 있습니다. 수평적인 관계 속에서 지위나 나이에 상관없이 상호 묻고 답하며 논쟁하는 것을 습관화했습니다.

끝장 토론이 후츠파(chutzpah) 정신, 즉 융합 창의성, 질문 존중, 위기 감수, 미션 지향, 끈기, 실패에서 배움, 형식 탈피를 지향하게 되었습니다. 향후 하브루타를 통해 상호 질문하고 답변하는 문화까지 이어지게 됩니다.

이를 통해 유대인 기업가들은 특별대우를 사양하고 평등사상을 받아들이게 됩니다. 모세는 집단을 이끄는 리더가 된 후 "편안한 의자에 앉으십시오"라는 권유에 "나만 특별대우를 받을 수 없다"라고 하며 다른 사람과 동일한 기준으로 대접받기를 원했습니다. 평등사상에 어긋나는 특별대우를 극도로 꺼리는 유대인은 지금도 직원들과의 소통과 업무에 솔선수범하고 있습니다. 사장실도 비서도 없이 직접 귀빈 대상 회사 투어를 안내하던 마이클 블룸버그 사장, 직원과 같은 공간에서 함께 앉아 근무한 메타의 마크 저커버그도 유대인의 평등 정신을 계승한 것입니다.

유대인에게 직책은 효율적인 업무추진을 위한 역할 분담일 뿐, 상하관계나 종속관계가 아닙니다. 유대인들은 신입사원과 경영층 간에도 자유롭고 당당하게 질문하고 열띤 토론을 벌일 수 있게 되었습니다.

진정한 소통은 너와 나를 동등한 인격체로 인식하는 평등사상 위에서만 가능합니다. 모세는 이 과정에서 강력한 조직 리더로 거듭 태어납니다. 조직 리더십의 측면을 살펴보면 모세가 가진 다양한 특징을 발견할 수 있습니다.

첫째, 모세는 전략적 비전을 갖추고 있었습니다. 그는 이스라엘을 애굽의 노예에서 구출하여 '토지 흐름의 땅'으로 향하도록 이끌었습니다. 이 비전은 물리적 해방을 넘어 정신적 해방도 포함하고 있었습니다. 모세는 군중을 이끌고 적극적으로 이 비전을 실현하기 위해 몸소 실천한 것입니다.

둘째, 모세는 조직의 구성원들을 효과적으로 이끌었습니다. 삼십만 명 이상의 이스라엘 사람들을 통제하고 이들을 조직화하여 질서 있는 행동으로 유도했습니다. 그의 지도력은 조직 내부의 혼란을 방지하고 단결력을 유지하는 데 큰 역할을 했습니다. 무엇보다 명령과 지침은 명확하고 구체적으로 제시했습니다.

셋째, 모세는 창의적인 문제 해결 능력을 보여주었습니다. 광야에서 물이 부족해진 상황에서 그가 바위를 쳐서 물을 흘러나오도록 했다는 이야기는 그가 예기치 않은 상황에 대처할 수 있는 문제 해결 역량을 갖췄음을 보여주었습니다.

이렇듯 모세의 리더십은 조직의 발전과 성장을 촉진했습니다. 그는 이스라엘 사람들에게 교육을 제공하고 율법을 전파하여 조직 내부의 교양을 높였습니다. 이런 노력은 이스라엘을 한 민족으로 통합하고 그들의 정체성을 강화하는 데 이바지했습니다.

마지막으로 모세의 리더십은 지속적인 영향력을 남겼습니다. 그의 이야기는 오랜 세월 동안 다양한 문화와 종교에서 사람들에게 영감을 주었습니다. 그의 이야기는 리더십, 신앙, 자유 등 다양한 주제에 관해 토론과 연구의 대상이 되고 있습니다.

결국 모세는 이스라엘의 리더로서 전례 없는 변화와 고난의 길을 극복했습니다. 그의 용기와 지혜는 이스라엘 사람들에게 새로운 희망을 가져다주었고, 안전하고 번영한 미래로 인도했습니다. 그는 자신의 삶을 신과 백성들에게 바치고, 자신의 이익보다 하느님의 영광과 백성들의 복을 더 중요하게 여겼습니다. 그런 의미에서 모세의 리더십은 현대 조직에도 많은 교훈을 줄 수 있습니다.

모세와 함께 애굽에서 가나안 땅으로 이동하는 광야의 시간에서 불평 불만을 가진 사람이 많았습니다. 하지만 그는 자신이 믿는 것에 준한 강력한 리더십을 통해 가나안 땅으로 입성하게 되었습니다.

광야 생활 40년간 적게는 1대, 많게는 3대의 시간이 흘렀습니다. 하지만 다음 세대에서 목적을 달성하는 일이 있더라도 다음 세대에게 이로운 선택을 해나갑니다. 이것이 오늘날 조직이 진정으로 바라는 리더상일 것입니다.

넷플릭스의 규칙 없음(No rules rules)

개인적으로 하루 동안 네이버, 카카오톡, 유튜브와 넷플릭스를 가장 많이 이용하는 것 같습니다. 특히 넷플릭스는 과거 '킹덤'과 '오징어 게임'을 통해 알게 되었고, 지금까지도 매월 구독료를 내며 틈틈이 즐기고 있습니다.

236

국내뿐만 아니라 전 세계적으로 OTT 서비스의 선두 주자인 넷플릭스는 엔터테인먼트 산업계에 지각 변동을 일으키고 있습니다. 넷플릭스는 최근 2분기 총회원 수가 지난해보다 800만명 증가한 2억 7,765만 명으로 집계되었습니다.

넷플릭스 창업자이자 회장인 리드 헤이스팅스는 "통제나 규정은 무능력한 직원에게나 필요한 것"이라며 회사의 성공 비결을 '규칙 없음'이라고 정의했습니다. 조직을 운영하는 큰 뼈대는 세우되, 일일이 세부 규정으로 직원을 통제하지 않는 것입니다.

과거 코닥이나 노키아, 블록버스터처럼 잘 나가던 기업이 도태되는 것과 달리, 넷플릭스는 유연하게 대처해왔습니다. 인재들의 날개를 칭칭 감고 있던 관료주의적인 규칙을 없애기 위해 끊임없이 노력했습니다. 보통의 회사에 있지만, 넷플릭스에는 없는 규정과 절차만 10가지가 넘습니다. 이런 넷플릭스의 컬처 데크는 실리콘밸리에서 가장 중요한 문서로 알려져 있습니다.

1997년, 넷플릭스는 우편으로 DVD를 대여해주는 회사로 출발합니다. 헤이스팅스는 자신이 처음 설립했던 회사 '퓨어 소프트웨어'의 실패를 교훈 삼아, 처음부터 완전히 다르게 운영합니다. 창의성을 가진 인재를 규칙으로 억압하는 일은 '하늘로 솟구쳐 오르려는 독수리를 새장에 가두는 격'이라고 다짐했습니다. 넷플릭스는 절차보다 사람을 중히 여기고, 능률보다 혁신을 강조하며 전 세계 스타 플레이어가 가장 일하고 싶은 회사가 되어가고 있습니다.

넷플릭스 창업자이자 회장인 리드 헤이스팅스가 지은 저서 『규칙 없음』에는 몇 가지 키워드들이 있습니다. 넷플릭스의 여러 경영 철학은 우리 직장인들에게 여러 가지로 화두를 던집니다.

위기에서 얻은 교훈,
'인재 밀도를 높여라'

넷플릭스는 2001년 인터넷 버블 붕괴로 직원의 3분의 1을 해고했습니다. 그런데 남아 있던 80명이 이전보다 더 의욕적으로 모든 일을 신나게 처리하고 성과도 개선되는 것을 보았습니다.

이후 조직 내에서 인재 밀도가 갖는 역할을 완전히 달리 생각하게 됩니다.

솔직성을
키워라

'다른 사람 이야기를 할 때는 그 사람 면전에서 할 수 있는 말만 하라'라는 불문율이 있습니다. 뒤에서 하는 험담이 아니라 당당히 마주해서 자신의 의견이나 상대방에 대한 피드백을 명확히 전달하면 소통도 업무도 효율적으로 된다는 믿음입니다.

통제하기보다는 '맥락'으로 이끌어라

젊은 직원에게는 상사의 비위를 맞추려 들지 말라고 가이드라인을 줍니다. 맥락만 짚어주는 방식은 까다롭지만, 실무진에게 상당한 자율을 제공합니다.

4A 피드백 지침

모든 직원이 피드백을 원활히 주고받을 수 있도록 장려합니다. 피드백을 줄 때는 도움을 주겠다는 생각으로 하라(aim to assist)고 말합니다. 그리고 실질적인 조치를 포함하게(actionable) 유도합니다.

피드백을 받을 때는 감사하라(appreciate)고 가르칩니다. 그리고 받아들이거나 거부하라(accept or discard)고 말합니다. 어떤 피드백이든 일단 듣고 생각하되, 수용 여부는 전적으로 받는 사람에게 달렸다는 사실을 양측 모두가 이해해야 합니다.

솔직한 피드백이 잦아지면 팀과 회사의 업무 속도와 능률이 기하급수적으로 증가할 수 있습니다. 여기에 A를 추가합니다. adapt, 즉 '각색하라'입니다. 함께 일하는 사람의 문화에 맞춰 전달하는 내용과 당신의 반응을 적절히 조절하게 유도합니다.

넷플릭스에는 휴가 규정이 없다

넷플릭스에서는 "그냥 며칠 쉬어"가 휴가 규정입니다. 언제 일하고 쉴지는 각자 알아서 정하면 됩니다. 이는 최고의 인재들을 유치하고 유지하는 데 큰 도움이 되었습니다. 직원들이 휴가를 잘 활용할 것을 회사가 믿음으로서 더욱 책임감 있는 행동을 유도합니다. 이른바 '자유와 책임(F & R)'입니다. 줄어든 인원으로 일을 처리하는 법은 리더들이 소그룹으로 더 치열하게 토론할 수 있게 했습니다.

240

넷플릭스에
가장 이득이 되게 행동하라

기본적으로 일이 많은 인재들이 쓸데없는 규정으로 시간을 소비하는 것을 원하지 않았습니다. 그래서 출장 및 경비 규정 등을 '넷플릭스에 가장 이득이 되게 행동하라' 이렇게 다섯 마디로 정리했습니다.

업계 최고 수준으로
대접하라

넷플릭스의 성공 뒤에는 평균 이상의 실력을 갖춘 직원들로 구성된 '드림팀'이 난감한 문제에 달려들어 눈부신 솜씨로 해결한 거짓말 같은 이야기들이 숨겨져 있습니다. 높은 인재 밀도는 넷플릭스 성공을 추진하는 엔진이기 때문입니다.

보너스 대신
엄청난 보수

위대한 소프트웨어 프로그래머는 평범한 프로그래머보다 1만 배 이상의 값어치를 한다고 믿었습니다. 그래서 확실한 실력자 1명을 엄청난 대우로 데려와 업무를 맡겼습니다.

미국 회사들은 대부분 성과에 따른 보너스를 채택합니다. 하지만 넷플릭스는 그 반대입니다. 사람들은 안정적인 보수로 인해 창의적으로 변한다고 믿었습니다. 혁신적인 아이디어에는 성과에 따른 보너스가 아니라 두둑한 연봉이 좋다고 생각했습니다.

넷플릭스의
'선샤이닝'

넷플릭스는 비밀이 없는 투명한 조직을 지향합니다. 가능한 많은 것을 공유해서 투명성을 일상화합니다. 이것이 리더의 중요한 역할이라고 믿고 있습니다. 사소하든 나쁜 일이든 리더부터 정보를 공개하면 다른 사람들도 따라서 할 것이라고 믿고 실천해나갔습니다.

이를 넷플릭스에서는 '선샤이닝(sunshining)'이라고 합니다. 밝은 햇볕에 온몸을 드러내듯 가능한 많은 것을 공개하려 노력합니다. 분기 끝나기 몇 주 전에 700여 명의 고위 매니저들을 모아놓고 재무 상황을 공개했으며, 이는 전 세계 상장사 가운데 유일했습니다.

선샤이닝을 통해 직원들은 '아! 실수는 누구나 하는 거구나'라고 생각하게 됩니다. 이를 통해 과감한 모험을 권장하게 되고 이는 과감한 혁신으로 이어졌습니다.

투명한
조직문화를
만드는 방법

폐쇄적인 사무실, 경호원처럼 행동하는 비서, 비밀번호로 잠가둔 공간 등을 인정하지 않습니다. 상사의 비위를 맞추려 들지 말고 회사에 가장 이득이 되게 행동하라고 가르칩니다. 탁월한 인재를 뽑은 후 아이디어를 실행할 자유를 주는 것을 중요하게 여겼습니다.

CEO조차 피하기 힘든
'키퍼 테스트'

모든 임직원에게 키퍼 테스트를 적용합니다. 그 직책에 최고로 적합한 사람인지 주기적으로 신중하게 판단한 뒤 교체 여부를 결정합니다.

부하 직원이 이직하겠다고 한다면 그를 붙잡을 것인지, 자기 일을 다른 사람이 하면 회사가 더 잘될지 등이 테스트를 하는 이유는 누구를 내보낼 때 부끄럽지 않기 위해서입니다.

팀워크를 갉아먹는
'스택 랭킹'

인재 밀도를 높이는 데 집중하다 보면 뜻하지 않는 내부 경쟁이 심각한 지경에 이르는 경우가 있습니다. 소위 말하는 '스택 랭킹(stack ranking)'입니다.

직원들의 성과를 수치화해 층을 쌓듯 서열화하는 인사평가 제도를 말합니다. 이를 처음 사용한 CEO는 아마도 GE의 잭 웰치였습니다. 매년 하위 10%의 직원을 내보내는 식으로 성과를 높게 유지한 것으로 유명합니다. 하지만 넷플릭스는 이 방법이 협업을 가로막고 팀워크를 만들어가는 즐거움을 망가뜨린다고 판단해 배격했습니다.

독특한
다면평가

넷플릭스는 공정성 강화를 위해 처음부터 연간수행평가를 하지 않았습니다. 일방적 하향 평가이고, 피드백도 오직 상사에게서만 받을 수 있기 때문입니다. 누구에게나 피드백을 받을 수 있게 만든다는 것이 넷플릭스 정신입니다.

이에 실명으로 360도 서면 평가를 시행합니다. 익명이 아니라 모든 사람에게 코멘트를 남기도록 요청하고 최소한 10명, 평균적으로 30명이나 40명 정도에게 피드백을 줍니다. 그 결과는 인사고과나 연봉 인상 및 승진과 연계하지 않았습니다.

이어 '라이브 360도 평가'를 실시하고 8명 이하 정도로 참가 인원을 줄인 다음 3시간 정도 실질적인 대화로 피드백을 줍니다. 덕분에 넷플릭스에서는 '똑똑한 왕재수'는 찾기 힘들다는 이야기도 있습니다.

종합하면, 넷플릭스 경영 철학의 중심에는 '절차(규칙)보다는 사람'이 있었습니다. 광속(光速)으로 변하는 세상에서 능동적으로 대응하기 위해서 절차보다 사람 중심으로 운영하는 넷플릭스는 조직을 경영하는 모든 사람에게 시사점을 주고 있습니다.

PART 6

나이 든 사람이 아니라
배우지 않는 사람이 꼰대

학습 편

ChatGPT 쇼크, 느낌표(!)가 아니라 물음표(?)의 시대

ChatGPT를 둘러싼 사회적 관심이 점점 높아지고 있습니다. ChatGPT란 미국 오픈AI가 개발한 인공지능(AI) 챗봇으로, 2022년 12월 1일 공개된 후 두 달 만에 월 사용자 1억 명을 돌파하는 등 초고속 성장세를 보이는 중입니다. 특정 질문을 던지면 기존 자료를 검토하고 정리한 후 전문가만큼 똑똑하고 명료하게 답해줍니다.

ChatGPT를 창의적으로 사용하는 방법은 두 가지입니다. 먼저 좋은 질문을 던져야 합니다. 좋은 질문은 좋은 결과를 가져오기 때문입니다. 그리고 ChatGPT의 답을 의심하는 비판적 사고 능력을 키워야 합니다. 프롬프트 엔지니어라는 직업까지 생겨서 AI에게 최선의 질문을 해 정확한 답을 끌어내는 직업군이 주목받고 있습니다. 경영자들이 트렌드를 아는 것보다 왜 이런 트렌드가 형성되고 있는가를 살피고 고민해야 고객에 대한 이해와 트렌드 소화력이 향상될 수 있습니다.

질문에는 유형이 있습니다. 크게 사실적 질문, 평가적 질문, 사색적 질문, 해석적 질문으로 나눌 수 있습니다. 검색의 시대에 들어 약화된 사실적 질문은 ChatGPT에게 자리를 내주고 있습니다.

반면 사색(思索)과 해석(解釋) 없이는 결코 좋은 질문을 만들 수 없습니다. 사색적 질문과 해석적 질문은 훈련을 할수록 개선됩니다. 1944년 노벨물리학상을 받은 유대인 이시도어 라비(Isidor Isaac Rabi) 교수는 자신이 위대한 과학자가 된 성공 비결에 대해 "수업 후 집에 돌아오면 '오늘은 무엇을 배웠니?'라고 묻는 다른 어머니와 달리 '오늘은 선생님께 어떤 좋은 질문을 했니?'라고 묻는 어머니 덕분"이라고 했습니다. 이렇듯 위대한 업적은 위대한 질문에서 시작합니다. '어떻게(how to)'를 아는 사람은 리더에게 인정받지만 '왜(why)'를 아는 사람은 리더를 리드할 수 있기 때문입니다.

오늘날 비즈니스 리더들은 인공지능(AI)이라는 엄청난 변화에 직면해 있습니다. AI를 통해 생산성 향상, 반복 작업의 간소화, 직원 복리 향상 등의 목표를 달성하고 싶겠지만 이를 위해서는 먼저 AI를 수용할 수 있는 조직문화부터 갖춰야 합니다. 이를 위해 크게 3가지를 개선해나가야 합니다.

첫째, 두려움 대신 호기심을 선택해야 합니다. 변화에 두려움을 느끼는 것은 인간의 자연스러운 반응입니다. 한 연구에 의하면 직장인의 49%가 AI에 일자리를 빼앗길까 우려하면서도 AI의 위협보다

가능성을 더 크게 본다고 봤습니다. 또 직원의 70%는 업무량을 줄일 수 있다면 기꺼이 AI를 이용하겠다고 했습니다. 이는 두려움보다 호기심을 가진 직원이 많다는 것을 보여줍니다. 따라서 두려움이 조직을 지배하지 않도록 하려면 호기심을 장려하는 문화를 조성해나가야 합니다.

둘째, 실패를 포용해야 합니다. AI가 항상 우리를 만족시키는 결과를 내놓을 순 없습니다. 하지만 잘못된 결과라도 백지상태에서 한 걸음 나아갈 수 있도록 해줍니다. 인간이 검토, 편집, 확장과 같은 비판적 사고 작업에 바로 들어갈 수 있기 때문입니다.

마지막으로 무엇이든 배운다는 자세를 가져야 합니다. AI가 문제해결로 가는 손쉬운 지름길을 보여줌으로써 혁신 의지를 약하게 한다는 우려가 나옵니다. 하지만 AI의 잠재력은 그보다 훨씬 더 크기 때문에 끊임없이 학습하면서 경쟁 우위를 만들어나가야 합니다. 이제는 올바른 답을 내놓는 직원이 아니라 올바른 질문을 던질 줄 아는 직원의 가치가 더 커지는 시대입니다.

최근 추천 알고리즘이 제공하는 콘텐츠를 무의식적으로 수용하며 가짜 뉴스에 현혹되고 확증편향성이 강화돼 사회적 갈등이 깊어지고 있습니다. 생성형 인공지능이 보편화될수록 인공지능 기술이 제공하는 정보를 무의식적으로 수용하려는 자세를 경계해야 합니다.

이렇듯 ChatGPT는 빠르게 세상을 변화시키고 있습니다. 대학을 중퇴해도, 전공과 다른 분야에서 일해도 능력만 있다면 다양한 성공

기회가 눈 앞에 펼쳐지고 있습니다. 조직 차원에서도 AI 분야가 발전할수록 관련 역량을 개발해 집단지능을 키워갈 필요가 있습니다. 우리가 인간 고유의 역량을 키워갈수록 AI와의 협업에서 시너지 효과를 극대화할 수 있기 때문입니다.

그런 의미에서 세대 간 '능력'에 대한 다른 관점이 오히려 조직 내 반목과 갈등을 해소할 수 있을 것이라는 기대도 있습니다. MZ세대 등 젊은 세대는 '검색'에 탁월한 능력을 지니고 있고, 기성세대는 '사색'에 강점이 있기 때문입니다. 서로의 강점을 활용해 훌륭한 시너지를 만들 수 있습니다.

세대 차이가 아니라, 어느 세대에 속해 있든 '질문 능력'이라는 '실력의 차이'가 성과의 차이를 만들 수 있게 된 셈입니다. 좋은 질문을 위해 각자 자신의 장점을 강화하고 단점을 보완해나간다면 조직 내 갈등을 자연스레 해소할 수 있을 것입니다.

이러한 ChatGPT 열풍이 한국 사회, 한국 기업의 고질적 문제인 '질문하지 않는 문화', '좋은 질문을 하기보다 정답부터 찾으려는 문화'를 바꾸는 계기가 될 수 있게 조직문화를 바꿔나가야 합니다. 우리는 늘 '좋은 질문'의 중요성을 강조하면서도 막상 질문하는 사람을 실력이 부족하거나 예의가 없는 것으로 치부하곤 했습니다. 이제 고정관념을 버릴 때가 되었습니다.

최근 네이처 선정 '올해의 과학자'에 최초로 사람이 아닌 非인간으로서 생성형 인공지능(AI) 챗봇 ChatGPT가 이름을 올렸습니다.

250

네이처는 ChatGPT를 '올해의 과학자'로 선정한 배경에 대해 "인간의 언어를 모방하도록 설계된 AI가 과학의 발전과 진보에서 갖는 역할을 인정"했다고 합니다.

이렇게 세상은 급변하고 있고, ChatGPT는 견제의 대상이 아니라 비즈니스 성공을 위한 필수 소비재가 되었습니다. 단순한 보고나 지시에 따르는 수동적인 삶과 대답만 잘하는 느낌표(!)의 삶이 아니라 스스로 질문하고 탐구하는 물음표(?)의 시대를 조직 차원에서 철저히 대비해나가야 할 것입니다.

세상은 모범생이 아니라 모험생이 바꾼다

세상을 변화시킨 중요한 사건에는 '퍼스트 펭귄' 역할을 한 '모험생'이 있기 마련입니다. 하지만 직장 생활을 하다 보면 연차가 쌓일수록 '모범생'이 되기 쉽습니다. 모난 정이 돌 맞는다고, 사회생활 과정에서 조금만 튀면 적이 생기기 쉽고 주변 사람들의 시샘도 각오해야 하기 때문입니다.

직장 생활 하면서 많이 듣던 이야기가 있습니다.

열심히 일하다 보면 2가지가 돌아온다.
'더 많은 일'과 '욕'.

최근 들어 직장 내 워라밸 문화가 확장되면서 개인주의가 심해지고 조금이라도 손해 보지 않으려는 분위기가 감지되고 있습니다. 하지만 조직은 성장을 통해 이윤을 내고 직원을 고용하고 사회에 환원하게 됩니다. 성장을 위해서는 기존 방식에 익숙해지는 것과 결별하여 시시각각 변하는 고객의 니즈에 맞는 상품과 서비스를 즉시 제공해야 합니다.

> 모든 사람이 세상을 변화시키고자 하지만, 자기 자신을 변화시키려는 사람은 없다.

톨스토이의 말입니다. 조직 곳곳에서 젊은 직원들이나 새로움을 시도하는 사람들이 소심해지는 이유 중 하나는 리더가 변화를 대하는 방식인 경우가 많습니다.

실패하는 대부분의 변화에서 리더는 자신을 변화 대상에서 열외로 두는 경우가 많기 때문입니다. 문제는 안이 아니라 밖에 있다는 생각으로, 변화 대상인 직원에게 일방적으로 지시하고 훈수를 두는 사람으로 남아 있곤 합니다. 이렇게 변화는 내가 아닌 남이 해야 한다는 자기중심적이고 방어적인 모습을 보이면 일반 직원들도 열정을 잃게 되고 그 프로젝트는 힘을 받기 힘들어집니다. 따라서 조직 내 변화를 추구하고 싶다면 내가 만들려고 하는 변화는 직원 개인의 이기심을 충족시킬 수 있어야 합니다. 또한 그 변화 과정에 리더가 솔선수범할 수 있도록 끊임없이 고민해야 합니다.

특히 조직에서는 성공만 있을 수는 없습니다. 성공으로 가기 위해 크고 작은 실패를 할 수밖에 없습니다. 중요한 것은 이런 과정을 반면교사로 삼아 앞으로 더 성장하는 문화로 만들어 나가야 하는 것입니다.

하지만 애석하게도 세상은 실패 위에 세운 성공에만 관심을 가지는 경향이 있습니다. 실패를 통과하며 경험한 고통과 좌절의 시간은 크게 주목받지 못하는 것이 현실입니다. 하지만 실패와 좌절 없는 성공이란 세상에 존재하기 어렵습니다.

남아프리카공화국 민주화의 아버지인 넬슨 만델라는 다음과 같이 말했습니다.

> 얼마나 많은 성공을 했느냐로 저를 평가하지 말고, 제가 얼마나 많이 넘어지고 다시 일어섰는지로 평가해주세요.

우리 조직 내 다양한 곳에서 모범생을 벗어나 모험을 시도하는 친구들이 있을 것입니다. 우리는 그런 친구들이 한 번의 좌절로 상심하지 않고 다시 일어날 수 있도록 관심과 애정을 가져야 합니다. 실패가 피할 수 없는 여정이라 하더라도, 결국 그것을 어떤 마음과 자세로 딛고 일어서는지가 중요합니다. **실패를 고통스러운 시간으로만 생각할 것이 아니라,** 아니라 배움과 성장의 기회로 값지게 삼아야 합니다.

최근 보수적인 조직문화로 유명한 공무원 사회에서 모험과 새로운 시도를 통해 대통령의 칭찬까지 받은 유명한 인플루언서가 있습니다. 저도 개인적으로 즐겨보는 '충주맨'입니다. 어느덧 100만 구독자를 향해 열심히 달려가고 있습니다. 평범한 공무원인 그가 성공을 거둔 요인은 김선태 주무관의 개인적 역량도 있지만 저는 더 중요한 역할을 한 것은 그를 믿고 맡긴 충주시장의 신뢰라고 생각합니다. 전권을 주고 일절 간섭하지 않아서 젊은 직원이 마음껏 시의성 높은 콘텐츠를 즉시 올릴 수 있었기 때문입니다.

특히 플랫폼이 일반 동영상에서 1분 이내 숏폼으로 재편되는 것을 잘 이용해 재미 중심으로 많은 사람의 시선을 끌 수 있었습니다. 김선태 주무관은 개인의 역량과 꾸준함을 무기로 '재미없으면 안 본다'라고 확신하며 'B급 저퀄리티 감성'으로 무장하게 됩니다. 지자체장 홍보로 대중의 관심에서 벗어나는 기존 홍보의 틀을 완전히 깨버렸습니다. 코로나에 거리 두기 안 하면 관(棺)으로 직행한다고 경고한 '관짝춤'이 대표적입니다. 1,000만 조회수를 앞두고 있습니다.

삼성그룹 이재용 회장의 '쉿!' 영상을 패러디해 단 12초 만에 충주 공설시장을 홍보했으며, 팬더곰 푸바오로 분장해 충주산 옥수수를 생으로 뜯는 영상은 젊은 대중을 사로잡았습니다. 생업에 바빠 충주가 어디 있는지 몰랐던 사람들이 충주를 찾아오게 되었습니다. 우연의 일치인지 2024년도 수능에 '충TV' 상징인 충주시 로고와 함께 충주의 위치를 묻는 지리 문제가 출제되기도 했습니다.

특히 전권을 주고 판을 깔아준 조길형 충주시장은 노인들에게 지

팡이로 맞아가며 고구마 캐는 일을 거들던 말단 공무원의 '똘끼'를 한 눈에 알아봤습니다. 직속상관들은 이게 무슨 홍보 영상이냐며 반대했지만, 시장이 직접 나서 지원사격까지 해주었습니다. 시장의 실패한 정책을 '디스'하는 것도 허용해주었습니다. 김선태 주무관 역시 "누구의 간섭도 받지 않고 무결재로 영상을 업로드할 수 있게 해준 시장님이 아니었다면 충TV는 없었다"라고 고백했습니다.

메이저리그에서 2할 5푼을 치는 타자는 평균 연봉 150만 달러를 넘기기 어렵다고 합니다. 반면 3할 3푼을 치는 타자는 1,500만 달러에서 2,000만 달러까지 받을 수 있다고 합니다. 고작 12번 타석에서 한 번 더 치는 정도인데 연봉의 차이는 10배가 넘는 것입니다.

이와 같이 프로야구 선수의 '0.8할 차이'처럼 조직 내 누군가의 지칠 줄 모르는 도전 정신이 조직의 명운을 바꿀 수도 있습니다. 이제 더 이상 성실한 사람이 환영받는 시대는 지났습니다. 평생직장의 개념도 이제 부모 세대에 적용되는 아련한 옛 추억이 되었습니다. 조직을 경영하는 리더라면 모험생을 꿈꾸는 인재들이 꾸준히 나올 수 있도록 성숙한 조직문화를 만들어나가야 할 것입니다.

성장 마인드셋의 힘!

사회생활을 하다 보면 직장인에게 자기 계발은 끝이 없는 숙제와
도 같습니다. 어학은 기본이고 관련 전문서 독서를 통해 틈틈이 업
무 역량을 높여야 하기 때문입니다. 결국 개인의 성장이 모여 조직의
성장을 이루게 됩니다.

100세 시대를 맞이하여 사회생활이 자신이 의지와 상관없이 길
어지게 된 요즘 나이에 국한하지 않는 배움의 자세는 직장인의 큰
자산과 같습니다.

스탠퍼드대학교 심리학과 교수인 캐럴 드웩은 수십 년간의 연구
결과 새로운 사실을 발견했습니다. '마인드셋(마음가짐)이 모든 것을
결정짓는다'라는 것입니다. 마인드셋에는 고정 마인드셋과 성장 마
인드셋이 있습니다.

실패를 겪어도 실망하지 않고, 실패를 인정하지 않고 그 실패를 통

해 배워나가는 마인드가 성장 마인드셋(growth mindset)입니다.

반대로 인간의 자질은 타고나고 불변한다는 믿음으로, 노력이 필요하다는 것은 능력 자체가 의심되는 것으로 받아들이는 것이 고정 마인드셋(fixed mindset)입니다.

따라서 성장 마인드셋은 '계속 성장할 수 있다'라는 믿음 자체만으로도 바라는 것을 이루는 데 긍정적인 영향력을 끌어냅니다. 결국 자기 계발은 마인드와의 싸움과도 같습니다.

> 나는 대부분의 사람들이 행복하기로 마음먹은 그 순간, 정말
> 로 행복해지기 시작한다는 사실을 깨달았다.
>
> - 에이브러햄 링컨

1903년 12월 17일 미국 노스캐롤라이나 해안가에서 라이트 형제가 인류 최초로 동력 비행에 성공했습니다. 이들은 사실 무명의 발명가였습니다. 당시 최고의 물리학자였던 새뮤얼 피어폰트 랭글리 박사도 같은 시기에 동력 비행을 연구 중이었습니다. 랭글리 박사는 정부의 지원을 통해 17년째 비행기 개발을 해왔습니다. 그렇다면 어떻게 무명의 발명가가 정부의 전폭적인 지원을 받고 있던 당대 최고의 과학자 팀을 이겼을까요?

가장 큰 것은 개발 방식 차이였습니다. 랭글리 박사 팀은 전체 그림부터 세부 단계까지 철저하게 계획했고, 계획에 부합되는 조건이

갖춰지지 않으면 다음 단계로 넘어가지 않았습니다. 반면 라이트 형제는 준비가 부족하고 조건이 충족되지 않아도 계속 비행 실험을 했습니다. 대신 실패의 원인을 철저히 분석하고 반영 한 후 비행 실험을 했습니다. 그들은 1920년 9~10월에만 무려 1,700회의 실험을 했습니다. 랭글리 박사는 처음부터 실패를 두려워했고, 라이트 형제는 실패를 학습의 과정으로 여긴 것입니다.

우리는 교육, 비즈니스, 스포츠, 예술 등 인생 모든 분야에서 '우리가 자신의 재능과 능력에 대해 어떻게 생각하느냐'가 성공 여부에 큰 영향을 미치는 것을 목도하곤 합니다. 고정 마인드셋을 가진 사람들, 즉 '능력은 변하지 않는다고 믿는 사람들'은 성장 마인드셋을 가진 사람들, 즉 '능력은 얼마든지 발전시킬 수 있다고 믿는 사람들'에 비해 성공할 가능성이 확연히 낮습니다.

고정 마인드셋을 가진 사람들은 자신의 우월함을 입증하려고 하지만, 확실한 성공이 보장되지 않으면 도전 자체를 피하는 경향이 있습니다. 반면 성장 마인드셋을 가진 사람들은 능력은 개발되는 것이고, 잠재력을 꽃피우기 위해서는 시간이 필요하다는 점을 이해하고 실패를 통해 한 걸음 한 걸음 발전해나갑니다.

고정 마인드셋을 가진 리더는 사업이 어려워지면 그 해 평가를 스스로 단정 짓고 자포자기하며, 충분한 자원을 지원해주지 않았다며 조직과 상사를 원망합니다. 반면 성장 마인드셋을 가진 리더는 무엇을 어떻게 개선할지에 열정을 담습니다. 좋은 평가를 받지 못하더라도 개선해나가는 과정을 통해 성장하고 보람을 느끼게 됩니다.

특히 리더는 타인의 마인드셋을 바꾸는 데 도움을 줄 수 있습니다. 마인드셋의 전환이 가능하다는 것을 믿어야 합니다. GE의 잭 웰치, IBM을 구한 루 거스트너, 제록스를 회생시킨 앤 멀케이 등은 잠재력과 발전 가능성에 방점을 두고 조직문화를 개선하며 위대한 변화를 끌어냈습니다.

또한 업적보다 과정을 칭찬하는 문화가 필요합니다. 결과보다 진행 과정의 노력, 인내심 등을 칭찬하면 개인의 성장과 업적이 연결됨을 느끼게 됩니다. 업적이 다소 부진하더라도 노력하면 극복할 수 있다는 자신감도 생길 수 있습니다. 성과에만 지나치게 집착하면, 성과가 다소 낮을 때 스스로 위축되고 자신감을 상실하게 됩니다. 조직 생활 과정에서 항상 좋은 결과만 있는 것은 아닙니다. 어려운 순간에도 어떤 마음을 갖는지에 따라 그 이후의 상황은 크게 달라질 수 있습니다.

최근 디지털 기술, 인공지능 등 다양한 분야에서 변화가 빠르게 진행되고 있습니다. 전통적인 직업들이 사라지는 반면 새로운 직업들이 등장하고 있습니다. 개인이 기술과 지식을 계속해서 습득하며 직업의 불안정성과 다양성에 적응해나가야 합니다.

산업화 시대에는 선배들이 만들어놓은 길로 성실하게 일하면 성공할 수 있었습니다. 하지만 불확실성의 시대에는 개인과 조직 모두 함께 성장 마인드셋을 장착하기 위한 제도와 시스템을 보완하며 함께 지혜를 모아 나서야 할 것입니다.

거인의 어깨 위에서 세상을 바라보다

이 영상이 마음에 드시면 '구독'과 '좋아요'를 꾹 눌러주세요.

유튜브를 시청하면 누구나 자주 듣는 친숙한 말입니다. 유튜브는 2005년 미국 샌프란시스코 인근의 허름하고 좁은 차고에서 처음 탄생했습니다. 이 동영상 사이트가 세계 최대 비디오 플랫폼이 될 것으로 생각한 사람은 거의 없었습니다. 공룡이 된 지금 유튜브의 매달 방문객은 20억 명이 넘으며 60초마다 500시간 이상의 영상이 업로드되고 있습니다. 2016년에 유튜브 하루 시청 시간은 10억 시간을 돌파했습니다. 한국에서도 1인당 월평균 사용 시간이 40시간이 넘는다고 합니다.

유튜브를 비롯해 넷플릭스 등 재미있는 콘텐츠가 넘실대는 현실에서 심신이 피곤한 직장인이 독서를 한다는 것은 여간 어려운 일이 아닙니다. 개인적으로 저도 과거에 비해 독서량이 현격히 떨어지고 있음을 반성합니다. 하지만 책마다 들어 있는 작가의 지혜는 거인의 어깨에서 세상을 바라보게 해준다는 점에서 독서는 너무나 중요한 자기 계발이자 휴식이라고 생각합니다.

문체부가 최근 발표한 '2023 국민 독서실태조사'에 따르면 2022년 9월부터 2023년 8월까지 만 19세 이상 성인들의 연간 독서율은 43.0%에 그친 것으로 나타났습니다. 독서율은 교과서, 수험서, 잡지, 만화를 제외한 종이책과 전자책, 오디오북을 1권 이상 읽은 사람의 비율입니다. 우리나라 성인 10명 가운데 6명이 1년 동안 책을 한 권도 읽지 않은 셈입니다. 이는 직전 조사인 2021년 47.5%보다 4.5%포인트 떨어진 수치이고, 독서실태조사를 처음 실시한 1994년 86.8%에 비해 독서율이 반 토막 난 것입니다.

독서율 감소는 온라인동영상서비스(OTT) 등의 유행으로 인한 세계적 추세이긴 하지만, 미국(2020년 기준 77%) 등의 독서율과 비교할 때 한국의 하락세가 더 심각한 상황입니다. 하지만 독서의 긍정적 효과는 누구도 부인할 수 없습니다. 전문가들은 독서가 '생각의 근육'을 키우는 운동이란 점에서 '몸의 근육'을 불리는 피트니스와 비슷하다고 말합니다. 처음에는 힘들지만, 근육이 불어나는 게 느껴지는 순간부터 괴로움이 즐거움으로 바뀐다는 점에서 그렇습니다. 그 효과가 다른 무엇과도 바꿀 수 없는 몸과 정신의 '건강'이란 점도 비슷한 부분입니다.

최근 어느 언론사 기사에서 본 내용입니다. 한 직장인이 회사에서 직급이 올라가면서 바빠진 탓에 책 읽을 시간이 별로 없다고 식사 자리에서 지인에게 털어놓았다고 합니다. 하지만 전혀 예기치 못한 대답이 돌아왔습니다. 그 대답이 자신을 무언가로 머리를 꽝 내려치는 것 같았다고 표현했습니다.

책을 안 읽어서 바쁜 겁니다.

한참 생각한 끝에서야 그 말뜻을 깨달았다고 합니다. 우리가 바쁜 이유는 바쁘지 않아도 될 일에 몰두하고, 조바심 내고, 문제 해결 방법을 몰라 헤매느라 그럴 수 있습니다. 책을 읽으면 지혜와 통찰을 통해 지름길을 알게 되기에 바쁘지 않을 거라는 엄청난 역설이 숨어 있습니다.

그런 의미에서 광고인 박웅현 씨가 쓴 『책은 도끼다』라는 책이 있습니다. 그는 '나이는 숫자에 불과하다' '열심히 일한 당신, 떠나라' 같은 유명 카피로 유명한데, 평소 독서하며 문득 떠오른 영감에서 나온 아이디어라고 합니다.

책 제목은 '책은 우리 안의 꽁꽁 얼어붙은 바다를 깨뜨려버리는 도끼다'라는 독일 작가 프란츠 카프카의 말에서 따온 것입니다.

책 내용 중에 이런 문장이 있습니다.

한 줄 한 줄 읽을 때마다 단어와 문장의 껍질이 깨지는 소리가 들리고 그 자국은 머릿속에 선명한 흔적을 남긴다. 시간이 흐르면 얼음이 깨진 곳에 싹이 올라온다.

이것이 바로 독서가 주는 각성이고 통찰일 것입니다. 각성(覺醒)은 '깨어 정신을 차리는 것'이고, 통찰(洞察)은 '현상을 꿰뚫어 보는 것'을 의미합니다. 그는 속편 격인 『다시, 책은 도끼다』에서 '작가의 지혜가 끝나는 곳에서 우리의 지혜가 다시 시작된다'라고 했습니다. 거인의 어깨 위에서 손쉽게 다음 단계로 진입할 수 있음을 의미합니다.

성공한 사람의 서재는 보통 책들로 가득하다고 합니다. 최근 국내의 한 금융회사가 내놓은 「부자 보고서」에도 부자일수록 독서율이 높다는 내용이 있습니다. 시대가 빠르게 변하면서, 직장인이라면 인공지능(AI) 시대에 상응하는 또 다른 성공의 조건을 찾아나서야 합니다.

AI 시대에는 아날로그 형태의 독서쯤은 미뤄도 되고, 더 중요한 일이 있다고 생각할 수 있습니다. 하지만 잊지 말아야 할 점은 이런 흐름을 만든 정보기술(IT) 기업의 CEO들이 엄청난 독서광이라는 사실입니다.

마이크로소프트 창업자인 빌 게이츠는 다양한 분야의 책을 탐닉하는 것으로 유명하고, 테슬라의 일론 머스크 최고경영자(CEO)도 마찬가지입니다. 특히 『파운데이션』, 『듄』, 『은하수를 여행하는 히치하이커를 위한 안내서』 등 머스크가 좋아하는 SF소설들은 그의 삶과 닮았습니다. 이들은 AI 시대에 컴퓨터와 모바일 기기가 우선이라고 절대 이야기하지 않습니다.

> 사람의 주의력은 금붕어보다 짧다.

마이크로소프트가 장기간 대뇌 활동을 연구한 결과를 요약한 내용입니다. AI 시대지만 여전히 책을 가까이하며 우리의 뇌를 건강하게 유지할 필요가 있습니다. 내가 개인적으로 사회적으로 존재하는 이유를 찾고 싶고 또 성공하고 싶다면 책을 가까이해야 합니다. 책 한 권이 우리의 뇌를 업데이트해주며, 동시에 다른 것들이 해줄 수 없는 높은 가치 창출을 해주기 때문입니다.

철강왕 앤드루 카네기는 1835년 스코틀랜드의 가난한 집안에서 태어났습니다. 가정 형편상 학교에 가기보다 여러 가지 일을 하면서 가난한 소년 노동자의 삶을 살았습니다. 그의 정규 교육은 초등학교 4년이 전부였으나 도서관에서 책을 읽으며 꿈을 키워나갔습니다. 어찌 보면 도서관이 카네기에게는 '인생 대학' 그 자체였다고 볼 수 있습니다. 정규 교육이 수여하는 학사 등의 정식 학위는 없지만, 진정 지식과 지혜와 통찰을 익히고 인문, 사회, 과학, 기술, 예술의 통섭적 사고를 배우는 '살아 숨 쉬는 대학'이었던 셈입니다. 그는 사회문화적, 인도적 관점에서 교육·학술 연구의 진흥을 위해 카네기 재단을 만들게 됩니다.

'사람은 책을 만들고 책은 사람을 만든다'라는 말이 있습니다. 직장 생활에서 우리는 바쁠수록 일상에서 찾지 못한 난제 해결을 위해 책 속에서 세상 최고의 구루들을 멘토 삼아 삶의 지혜를 끊임없이 학습해나가야 할 것입니다.

Beyond KPI, Beyond OKR

저는 직장에서 가장 중요한 것이 KPI와 인사평가라고 생각합니다. 돌이켜보면 직장 생활 동안 한 해도 빠지지 않고 했던 게 이 두 가지였습니다.

KPI(Key Performance Indicator)는 핵심성과지표라고 불립니다. 조직이나 회사의 목표하는 바를 달성하기 위한 지표를 수치화한 것입니다. 회사 특성에 따라 정량적 목표에는 매출액, 매출이익, 영업이익 등이 있습니다. 정성적 목표에는 수치화가 어려운 인지도, 조직 활동 참여도, 성실도 등이 반영됩니다.

OKR(Objective and Key Results)은 1975년 인텔에서 시작해 구글과 실리콘밸리 전체로 확대된 성과관리 기법입니다. 목표(objectives)와 성과지표(key results)의 조화를 통해 조직 또는 개인의 성과를 향상시키는 관리 방법입니다.

KPI든 OKR이든, 아니면 다른 이름이든 조직마다 고유한 평가 체계가 있을 것입니다. 때로는 인사평가는 하나의 관리 도구일 뿐, 개인의 실력보다 위 상사와의 케미스트리가 더 중요하다는 우스갯소리도 있습니다. 특정 기업 중에는 직원 KPI나 OKR를 없애고 일방적인 평가관리보다 직원 개개인의 자율성에 방점을 찍은 곳도 나오고 있습니다.

개인적으로 발전적인 조직 생활을 위해서는 연간 자신에게 주어진 목표를 뛰어넘어야 한다고 생각합니다. 그러기 위해서는 시키는 것 외에 무엇인가 스스로 변화를 도모해야 합니다. 장기적인 본인만의 커리어를 위해서도 이것은 중요합니다.

그 이유는 우리 고객의 기대치가 높아지고 있고, 인공지능을 활용한 ChatGPT 등을 통해 점점 스마트해지고 있기 때문입니다. 이에 대응하기 위해서는 기존에 답습해왔던 고정관념을 깨고 뭔가 다른 상품과 서비스를 제공해야 합니다.

인공지능(AI) 시대에는 쓸모없는 사람이 되어야 한다.

이 말은 천재 프로그래머 출신으로 16세에 스타트업을 창업하고 35세에 대만의 디지털 장관이 된 오드리 탕의 말입니다. 그는 사회 시스템이 쓸모를 지나치게 강조해서 문제라고 지적했습니다. 너무 일찍부터 자신의 쓸모를 특정 영역으로 제한하면 그 유효기간이 끝

낮을 때 존재의 의미를 상실하게 되기 때문입니다. 특히 지금의 영역보다 자신이 더 재능을 가진 영역을 인지하지 못하고, 젊은 시절 처음 몸담았던 영역 중심으로 커리어를 이어가게 되는 우를 범할 수 있기 때문입니다.

한 야구 트레이너가 쓴 책에 이런 말이 나옵니다.

> 한국은 지도자가 성급하게 재능을 단정한다. 초등학교나 중학교 1학년부터 줄곧 한 포지션만 시킨다. 선수는 다른 것을 할 줄 모르기에 그 포지션에서 두각을 나타내지 못하면 도태된다. 투수는 어깨 혹사로 이른 나이에 포기하는 경우가 많다. 또한 마이크로 매니징 식의 쉴 없는 훈련을 받다 보니 잘하기는 하는데 창의력이 부족하다.
>
> 반면, 미국은 가능한 한 여러 포지션을 두루 시킨다. 각 포지션에서 요구하는 운동 능력이 다르기에 여러 포지션을 경험하면 다양한 능력을 발견하게 된다. 여러 가지를 해보면 진짜 자신이 재능 있는 포지션을 발견할 수 있다. 틀 안에 가두지 않고 마음껏 해보게 하는 것은 초기에는 발전이 느린 것처럼 보일 수 있다. 그러나 시간이 지나면 유연성과 창의력으로 보답한다.

오드리 탕의 말은 이 야구 지도자의 주장과 같습니다. 향후 AI와

로봇 시대를 헤쳐갈 젊은이들은 과거와 다르게 본인 의지와 상관없이 경력 전환을 몇 차례 겪을 가능성이 높습니다. 따라서 너무 일찍 자신의 용도를 특정하면 미래를 유연하게 대비하기 어렵습니다. 자신을 '망치'라고만 규정하면, 박을 못이 사라질 때 존재 가치를 잃게 되는 이치입니다.

이를 위해 사다리를 오르듯 한 단계씩 승진해 가는 '커리어 패스'나 더 나아가 다양한 자신의 역량, 강점, 경험을 개발하여 이들을 D.I.Y.하여 자신만의 '커리어 포트폴리오'를 완성해나가야 합니다.

기업인 셰릴 샌드버그 또한 "커리어는 정글짐과 같다"라고 표현했습니다. 위로만 올라가는 것이 아니라 옆으로도 움직이고, 내려가기도 하고, 시작하기도 하고, 그만두기도 하라는 것입니다. 이는 유연성이 중요하며, 타이틀보다는 직무 능력을 개발하라는 의미입니다. 이는 스티브 잡스가 말한 '점 연결하기(connecting dots)'와 마찬가지입니다. 그는 서체 디자인, 인도 여행, 매킨토시 개발, 픽사 경험 등 서로 관련 없어 보이는 여러 경험을 연결하여 애플에서 스마트폰 혁신을 가져왔습니다.

그러면 AI 시대에는 무엇을 어떻게 준비해야 할까요? 80%의 시간은 현재 일에 집중하여 전문성을 기르되, 20%의 시간은 다음 단계에 필요한 역량을 준비해야 합니다. 기존 일의 상당 부분이 AI로 대치되거나 없어진다면 나머지 20%를 활용해 준비한 커리어로 빠르게 변신할 수 있어야 합니다.

이를 위해 기존에 만났던 사람들만 만나지 말고 외부 커뮤니티를 통해 다른 사고를 가진 사람들과 어울리며 자신의 영역을 확장해나가야 합니다. 직업이나 새로운 아이디어를 얻을 기회는 잘 아는 사람보다 그렇지 않은 사람에게서 오는 확률이 더 높을 수 있습니다. 이를 '약한 연대(weak tie)의 힘'이라고 합니다.

어린 시절 꿈 많던 그 아이는 어디로 갔을까?

우리 같은 평범한 직장인이라면 항상 깨어 있어야 합니다. 현재 내가 소속된 부서나 맡고 있는 업무에만 몰두하지 말고 자기 적성에 어떤 것이 맞는지 고민하며 직장 내에서 세컨드 라이프를 꿈꿔야 합니다. 그리고 그 일은 자기 가슴을 뛰게 만드는 일이어야 합니다.

'쓸모없는 사람이 되는 것', 아니 '필요에 따라 유연하게 새로운 쓸모를 만들어내는 레고 블록 같은 사람이 되는 것', 이것이 전통 세대와 다른 AI 세대의 커리어 전략일 것입니다.

이겨야 할 대상은 다른 사람이 아니라 어제의 나다

자신을 이기는 것이 가장 위대한 승리이다.

- 플라톤

직장 생활을 하다 보면 영원한 동료가 없는 듯합니다. 어제의 동료가 내일의 경쟁자가 되기도 하는 무한경쟁의 정글과 다름없습니다. 연차가 쌓이면 쌓일수록 점점 타인과 나를 비교하게 됩니다. 보직, 승진, 인사 평가, 교육연수 등등 다양한 직장인 혜택이 있을 때면 긴장한 나를 돌아보게 됩니다.

하지만 결국 내가 이겨야 할 경쟁자는 다른 사람이 아닙니다. 이겨야 할 진짜 경쟁자는 바로 내 마음속에서 나 자신을 약하게 만드는 것들입니다. 인생을 살아가다 보면 직장뿐만 아니라 다양한 사회 분야에서 다른 사람들의 일상을 지켜보며 부러워하게 됩니다. 때로는

272

시기와 질투심도 생깁니다. 하지만 이 모든 것들은 내가 성장하는 데 도움이 되지 않습니다. 오히려 나의 행복과 성장을 갉아먹을 뿐입니다. 부러우면 지는 것이라는 말처럼, 잘나가는 사람의 좋은 점을 보고 벤치마킹 대상으로 삼아 자기 경쟁력을 더 높이겠다는 마음가짐이 늘 필요합니다.

사람이라면 인정받고 싶은 건 본능입니다. 한국 사회는 초스피드사회, 초연결사회의 중심에 있는 나라입니다. 좀 과하면 '관심종자'라는 의미의 '관종'이 되기 쉽습니다. 트위터, 페이스북, 인스타그램 등의 활동을 하면서 '좋아요'를 통해 타인의 관심과 인정을 확인한 사람은 뇌에서 도파민이 나와 쾌락을 경험하게 됩니다. 이후 같은 수준의 쾌감을 얻으려면 보다 많은 타인의 인정을 받아야 합니다. SNS 활동을 하다 보면 점점 더 깊이 몰입하게 되는 이유입니다. 특히 지금은 인정 욕구를 표출할 대상이 세계인으로 확산돼 자칫 병적으로 집착할 수도 있습니다.

더 큰 문제는 타인의 인정 기준이 상대적이고 가변적이라는 점입니다. 오늘 나를 인정해준 사람이 내일은 인정을 철회하는 상황이 언제든지 일어날 수 있습니다. 타인의 평가에 지나치게 의존하는 삶은 불행해지기 마련입니다. 이런 상황을 실존주의 철학자 사르트르는 희곡 『닫힌 방』에서 '타인은 지옥이다(L'enfer, c'est les autres)'라는 말로 경고했습니다. 따라서 식욕이나 성욕을 조절하듯 인정 욕구도 이성의 힘으로 통제하면서 자기만족을 추구하는 자아실현 욕구

단계로 성장해야 합니다. 물론 인정 욕구 조절은 본능을 다스리는 일이라 쉽지는 않습니다. 게다가 현대사회는 인정 욕구를 자극하는 환경에 수없이 노출되기 때문입니다.

타인의 시선에 일희일비하는 지옥의 늪에 빠지지 않으려면 자신의 인정 욕구를 객관화한 뒤 거리를 두고 조율하는 훈련을 꾸준히 해야 합니다. 지금 우리 사회에는 남녀노소를 떠나 SNS를 통해 병적인 인정 욕구를 내뿜는 사람들이 넘쳐나고 있습니다. 국민 전체가 정신건강 캠페인이라도 벌여야 할 상황일 수도 있습니다.

> 소셜미디어를 1년 이상 끊자 뇌를 되찾은 것 같았고, 심박수도 안정됐다.
>
> — 호주 소설가 필리파 무어

필리파 무어는 "인스타그램이나 트위터를 열 때마다 분노와 절망의 소용돌이에 휘말리는 기분이었다"라며 "중단 일주일 만에 뭔가 놓칠 것이라는 공포가 사라졌다"라고 말했습니다. "집중력이 높아져 1년간 어느 때보다 많은 글을 썼다"라며 "소셜미디어는 영감을 북돋우는 곳이 아니었다"라고 평가했습니다.

> 딱 2분만 보려고 했는데 정신을 차려 보면 2시간이 지나 있다.

짧은 동영상 '숏폼(short form)'에 중독된 것 같다는 한 사용자가 인터넷에 올린 하소연입니다. 시간이 너무 아깝다고 느끼면서도, 어느 순간 또 반복하는 나 자신에게 충격을 받았다며 집중력이 낮아져 책 반 권도 읽기 힘들다는 고백을 쉽게 볼 수 있습니다.

알고리즘, '생각의 외주화'

특히 전 국민의 영상 플랫폼인 유튜브에서 시청 기록을 바탕으로 내 취향인 영상을 추천해주는 '알고리즘'의 자발적 노예가 되는 것을 경계해야 합니다. 시청이 끝나면 자동으로 알고리즘이 연결해주니 깊이 고민할 필요도 없습니다. 사람의 뇌는 무척이나 게으르기에, 불편한 것보다 쉬운 것을 좋아합니다. 알고리즘이 결국 '생각의 외주화'인 셈입니다. 나의 선택과 생각이 좁아져 알고리즘이 보여주는 세상에만 의존하면 가장 중요한 자기 생각을 잃어버리게 될 것입니다.

인간의 수명은 점차 늘어나지만, 지식의 유효기간은 점차 짧아지는 위기의 시대입니다. 새로운 지식과 기술이 등장하면서 사회 구조가 급변하고 있습니다. 직업의 등장과 소멸의 사이클이 점점 짧아지고 있습니다. 이에 대응하여 자신의 역할을 하면서 새로운 사회에 적응하려면 새로운 지식을 공부할 수밖에 없습니다. 미래에는 어느 대학을 나왔고 어떤 업무를 오래 했는지가 아니라, 평생 즐겁고 행복하게 공부할 수 있는 나만의 필살기를 찾아 나가야 합니다.

이겨야 할 대상은 직장 내에 있는 것이 아니라 어제와 똑같이 살고 있는, 성장이 멈춰버린 나태한 자신이라는 것을 잊지 말아야 할 것입니다.

강한 종이 아니라 변화에 적응하는 종이 살아남는다

과학적으로 밝혀진 바에 의하면 인체는 30세 이후부터 노화가 진행돼 매년 0.9% 정도 기능이 떨어진다고 합니다. 흔히 30대 운동선수를 전성기가 지났다고 표현하는 것만 봐도 쉽게 알 수 있습니다.

직장인은 신체적 변화뿐만 아니라 직급이 올라가면서 정신적 스트레스도 함께 관리해야 합니다. 특히 지금은 업무 역량 외에도 MZ 직원과의 커뮤니케이션 역량도 필요한 시대가 되었습니다.

그런 의미에서 최근 삼성전자가 경력 25년 차 이상 고참 직원을 대상으로 자발적으로 직무를 변경하는 '시니어 잡포스팅'을 전사적으로 확대했다고 합니다. 대상자들의 만족도가 높고, 60세 정년 연장 시대가 본격화하면서 삼성전자는 주니어급 직원을 대상으로 진행되던 잡포스팅 대상자를 고참 직원으로 확대한 것입니다. 잡포스팅은 인사이동이지만 마치 이직처럼 진행되며 직무, 사업부 전환이 가능한 제도로 서류, 면접 평가를 통해 이동할 수 있다고 합니다.

직장인이라면 오랜 기간 같은 업무로 매너리즘에 빠진 일도 있고, 새로운 조직에서 은퇴 후 길을 모색하고 싶을 때도 있을 것입니다. 고민 많은 시니어 직원에게 새로운 기회를 주고, 경험 많은 직원들이 현장에서 더 많은 역할을 할 수 있도록 하는 인사 실험입니다. 최종 합격 발표까지 비밀 유지 서약을 해야 하며, 인기가 많은 부서의 경우 경쟁률이 수십 대 1을 넘었다고 합니다. 직원 처지에서는 자신이 원하는 지역으로 이동도 가능하고 개인 경쟁력을 키울 수 있는 두 번째 기회일 것입니다.

유념해야 할 점은, **이런 제도는 평소 재직 중일 때 틈틈이 진로를 고민하고 관련 역량을 꾸준히 쌓아온 사람에게 기회가 주어질 확률이 높을 수밖에 없다**는 것입니다. 강한 종이 아니라 변화에 적응하는 종이 살아남듯이 **직장인은 숙명처럼 자신의 브랜딩을 위해 항상 깨어 있어야 합니다.**

최근 전 세계적인 코로나 사태를 극복하고 경영을 정상화시킨 사례가 있습니다. '태양의 서커스'는 캐나다 몬트리올에서 길거리 유랑 공연을 시작으로 20년 만에 세계 주요 대도시에 44개의 쇼를 동시에 공연하는 연 매출 10억 달러의 글로벌 기업이 되었습니다. 값싼 오락으로 폄하되던 서커스를 종합 예술의 경지로 끌어올린 것입니다. 하지만 2020년 초, 전 세계적인 코로나 팬데믹은 이 회사도 피해 갈 수 없었습니다. 모든 쇼는 취소되며 하루아침에 매출은 '0'이

됐습니다. 법원에 파산보호 신청을 하고 안타깝게도 직원의 95%인 4,679명을 해고할 수밖에 없었습니다.

"전쟁은 두 나라를 무너뜨리고, 태풍은 경로상 여러 나라를 폐허로 만들지만, 코로나는 온 세계를 멈춰 세웠어요. 가슴이 미어지는 듯했지만, 손쓸 도리가 없었죠." '태양의 서커스' 다니엘 라마르 부회장의 이야기입니다. 그는 "팬데믹의 시작점에서 많은 비평가가 '다 끝났다'라고 했지만, 우린 오히려 더 강해져서 다시 일어섰다"라고 했습니다. 투자자들이 브랜드를 보고 12억 5천만 달러를 투입했고 1년여를 버틴 것입니다.

지금은 직장을 옮긴 일부 행정직을 빼고 코로나 해고자의 85%를 재고용했다고 합니다. 특히 무대에 서는 아티스트들은 대부분 돌아왔습니다. 올해 매출은 9억 9,000만 달러 수준이 될 것으로 전망했습니다. 라마르 부회장은 "우리는 완전히 회복했다. 그게 지금 내가 언론사 앞에서 활짝 웃을 수 있는 이유"라고 말했습니다. '태양의 서커스' 공연 재개 소식을 전했던 언론 보도 헤드라인은 '인터미션은 끝났다'였습니다.

프랑스 인시아드 경영대학원의 김위찬 교수가 '오래된 예술 콘텐츠 서커스를 현대적으로 재해석한 새로운 형태의 예술이자 블루 오션 전략의 상징'이라고 치켜세웠던 회사입니다. 이젠 코로나 극복을 통해 불황이 일상화된 시대 모든 기업의 제1 덕목인 '회복 탄력성(resillience)'의 롤 모델이 되었습니다.

라마르 부회장은 언론 인터뷰를 통해 "단기 실적 압박요? 3년 걸 릴 회복에 2년도 안 걸렸는데 지금 제일 행복한 건 우리 투자자들일 걸요? 우리에게 압박은 끊임없이 스스로를 재발명해야 한다는 예술 적 압박뿐입니다"라고 밝혔습니다.

'일과 삶의 균형'을 중시하는 젊은 세대 직원들과 마찰은 없는지 에 대한 질문에는 "워라밸? 그건 전통적인 직업의 이야기입니다. 태 양의 서커스에는 일하는 사람은 아무도 없어요. 이건 우리의 직업 (job)이 아니라 열정(passion)입니다."라고 답했습니다.

크리에이티브 팀이 구성되면 함께 먹고 자며 끊임없이 연구해 콘 셉트를 개발해 경영진에게 제시하는 데 1년의 시간을 준다고 합니 다. 최대치의 자율을 부여하고 진행 상황 체크만 하죠. 그 뒤 6개월 에서 1년에 걸쳐 몬트리올에서 실제 공연을 올려보며 완벽하게 만든 뒤에야 세계로 내보내게 됩니다. 한 번 투어가 시작되면 오랜 기간 함께 세계를 여행하게 돼 사내 결혼도 많다고 합니다.

'태양의 서커스'를 세 단어로 표현해달라는 부탁에 그는 '창의성', '인간의 퍼포먼스', 그리고 '감성'이라고 답했습니다. "관객이 창의적 공연을 보고 감동을 받는 것, 그것은 아주 단순하지만 태양의 서커스 뿐 아니라 모든 공연의 본질입니다. 우린 앞으로도 거기에 충실할 겁 니다."

태양의 서커스는 업의 특성을 잘 이해한 직원들의 열정으로 고 난을 딛고 기사회생할 수 있었습니다. 하지만 일반 직장인들은 과거처럼 평생직장을 기대할 수 없습니다. 세상은 이미 직장 소속 여부를 떠나 '스스로를 고용'해야 하는 것이 일상이 되었습니다. 하지만 아직 어떻게 스스로를 고용해야 할지 막막한 직장인들이 많을 것입니다.

직장에 다니는 동안, 즉 비교적 경제적으로 안정된 동안 자신만의 '필살기'를 만들어야 합니다. 인생 2막에는 이왕이면 돈을 버는 것은 기본이고, 자신이 좋아하고 부가가치가 있는 일이라고 여기는 분야를 찾아서 집중적으로 투자해야 합니다.

자기 변화 전문가로 직장인의 영원한 롤모델이었던 故 구본형 작가는 다음과 같이 말했습니다. 어느 직장인이 만약 홍보팀장이라면 외부에 홍보 전문 회사를 만들어서 자기가 다니고 있는 회사와 계약을 맺은 것처럼 생각하고 일하라고 당부했습니다. 그래야 자신의 전문성을 어떻게 개발하고 가치를 높일지 공격적으로 찾을 수 있기 때문입니다. 저도 개인적으로 10년이 훨씬 지났지만 자기 계발에 관심이 많아서 故 구본형 작가의 출간 기념식에 참석했었습니다. 그날 수많은 대중에게 자신을 고용하라고 필살기의 필요성을 외쳤던 그분이 아직도 생생하게 기억납니다. 그런 의미에서 그가 쓴 책 제목들은 지금도 우리에게 많은 울림을 줍니다. '익숙한 것과의 결별'은 직장인이라면 누구나 맞이하게 될 현실이기 때문입니다.

그가 책을 썼던 20년 전과 달라진 점은 그 결별 시점이 더 빨라지고 있다는 것일 뿐입니다. '낯선 곳에서 아침' 역시 언젠가 퇴직하고 맞이해야 하는 현실이기 때문입니다. 그는 한 언론사의 기고에 이런 말을 남겼습니다.

> 아침에 일어나서 하고 싶은 일을 하는 사람, 그 사람은 성공
> 한 사람이라네.

우리 직장인들은 모두 아침에 일어나 돈 버는 일로 좋아하는 일
을 하러 가는 사람, 즉 모든 직장인의 워너비 '덕업일치(德業一致)'를
이룬 자기 모습을 상상해보아야 할 것입니다.

배움의 리더십 세종대왕

우리는 다른 왕들과 달리 세종을 세종대왕이라 부릅니다. 그리고 가장 닮고 싶은 리더상으로 손꼽기도 합니다. 기존 리더십 관련 내용은 피터 드러커, 잭 웰치 등 서양의 '시스템 리더십'을 다룬 것이 많습니다. 하지만 이런 리더십은 동양, 특히 우리나라 정서와 맞지 않는 경우가 많습니다.

우리나라는 특히 '관계'를 중시합니다. 이런 특성을 고려한 리더십을 연구할 필요가 있습니다. 특히 코로나 엔데믹 이후 불확실한 경영환경에서 시대정신을 담은 세종 리더십은 우리에게 많은 가르침을 줄 수 있을 것입니다.

현명한 리더는 조직을 뒤에서 뒷받침하는 것이 아니라 조직의 앞에서 이끄는 사람입니다. 세종은 왕의 지위에 있으면서도 스스로 부족함을 채우고자 배움의 삶을 살며 많은 업적을 이루었습니다.

세종은 즉위 후 가장 먼저 농업 생산력 향상에 시선을 둡니다. 이를 위해 과학기술의 발전이 시급함을 느껴 관련 인재를 발탁합니다. 태평성대를 이루기 위해 과학기술의 중요성을 누구보다 먼저 깨달은 시대정신은 세종 리더십의 중심이 되었습니다. 특히 그는 경청과 소통의 달인이었습니다. 세종실록에 자주 등장하는 문구도 "경들의 생각은 어떠하오?"였습니다. 공급 중심의 권위적 태도를 버리고 수요 중심의 낮은 자세로 문제를 재정의하고 해결해나가는 데 힘을 기울입니다.

그리고 항상 신하들에게 이렇게 말했습니다. "내가 무엇을 잘못하고 있는지 지적해달라." "백성들이 어디가 아픈지 알려달라." "그것을 해결할 방법을 함께 만들어가자." 세종은 좋은 정책을 만들기 위해 백성들의 의견을 듣고 또 들었습니다. 토지법을 제정할 때 전국에 관리를 파견하여 5개월에 걸쳐 여론조사를 하여 정책에 반영했습니다.

특히 세종 리더십이 존경받는 이유는, 백성들을 대하는 '여민(with the people)'의 진심이 있었기 때문입니다. 백성 위에 군림하지 않고 옆에서 배려하고 방향을 알려주면서 함께하는 리더였습니다. 글을 읽지 못해 불이익을 당하는 백성들을 위해 한글을 만들어 배포했습니다. 해시계, 측우기 등 과학기기의 발명과 보급을 통해 일반 국민의 편의를 개선했습니다. 해시계는 백성들이 스스로 시간을 계획하고 주도적으로 살 수 있게 하는 수단이 되었습니다.

세종은 무엇보다 배움의 리더십을 선보였습니다. 왕자 시절부터 독서를 생활화했으며 어떤 책은 1,000번을 정독하기도 했습니다. 건강을 걱정한 태종이 '독서금지령'을 내릴 정도였습니다. 왕이 된 후에도 새벽 4시에 일어나 자정이 넘어 취침할 때까지 공부와 경연을 게을리하지 않았습니다.

보석이 서 말이라도 꿰어야 보배가 되듯이 관련 지식을 연결하는 통섭과 융합의 리더십을 선보였습니다. 보통 서유럽의 '다빈치'를 떠올리기도 하지만 그에 못지않은 통섭과 융합의 인물이었습니다. 그는 역사와 경전 그리고 철학은 물론 현실적 학문에도 관심이 많았습니다. 음악, 과학, 무기 제조, 인쇄 등에 이르기까지 다방면에 걸쳐 많은 업적을 남길 수 있었습니다.

또한 솔선수범으로 백성의 마음을 헤아렸습니다. 가뭄이 계속되어 수많은 백성이 초근목피로 연명하자 자신의 부덕으로 여겨 신하들의 만류를 뿌리치고 경복궁 경회루 옆에 초가집을 짓고 2년 4개월을 기거하며 백성의 아픔을 몸소 체험했습니다. 반찬 가짓수도 줄이고 잠도 줄이는 등 금욕적인 삶을 살았습니다. 일회성 정치적 쇼가 아니라 진심으로 백성을 위했던 것입니다.

용인의 리더십도 보였습니다. 황희 등 노련한 대신 세력과 집현전 출신의 젊은 인재들을 고루 등용하여 신구의 조화와 힘의 균형을 실현했습니다. 개개인별 특성을 파악해 그들이 능력을 충분히 발휘할 수 있는 직책을 마련해주었습니다. 확고한 정치적 신념과 청렴성을 지닌 황희에게는 인사, 행정 및 재정을, 감수성이 풍부하고 마음이 어진 맹사성에게는 교육과 문화를, 융통성이 뛰어나고 순발력이 강했던 윤회에게는 외교를, 강직한 김종서에게는 국방을 맡겼습니다.

세종의 가장 위대한 업적은 세계에서 가장 과학적인 문자로 평가되는 훈민정음(訓民正音)을 창제한 것입니다. 세종대왕은 집현전 학자들을 시켜 읽기 쉽고 배우기 쉬운 정음청(正音廳)을 설치하여 훈민정음을 만들었습니다.

중국과 우리나라 말이 서로 달라 백성들이 힘들어하는 것을 보며 백성들이 쉽게 배울 수 있는 우리 문자 제정에 심혈을 기울였습니다. 그리하여 집현전을 통해 길러낸 신숙주, 성삼문, 박팽년, 최항, 이개 등 패기만만한 학자들의 도움을 받아 1443년 훈민정음을 만들고, 1446년 세상에 널리 알리게 되었습니다. 이를 위해 인재를 발탁하면서 신분과 출신에 얽매이지 않았습니다. 왕실의 종친이라 해도 특혜는 없었고 아비가 훌륭하다고 하여 아들에게 특혜 주는 일도 제한했습니다.

국가에 도움이 되는 작은 재주라도 가졌다면 합당한 대우를 해주었습니다. 장영실은 비록 관노의 자식이었지만 뛰어난 과학적 재능을 보여 지원을 아끼지 않았습니다.

그의 위대한 업적은 훌륭한 인재를 경영한 탁월한 리더십에 의한 것이었지만, 그에 앞서 무리를 이끌기 위한 피나는 자기 수련의 결과

이기도 합니다.

세종은 수성기(守成期) 문흥 정책을 본격적으로 실시했습니다. 문화가 살면 민족이 산다고 할 정도로 문화는 우리 인간이 살아가는 데 있어서 가져야 할 가치를 보여주는 중요한 일입니다. 우리가 문화를 제대로 알면 남을 함부로 모함하지 않고 탐하지도 증오하지도 않는 심성을 개발할 수 있다는 것이 세종의 생각이었습니다. 이를 위해 인간으로서나 지도자로서 해야 할 일, 해서는 안 될 일을 도덕적으로 엄격하게 규범을 세움으로써 절제와 자정 능력을 중시하는 사회 분위기를 만들었습니다.

기업의 조직문화도 이런 맥락에서 재해석할 수 있을 것입니다. '성군', '대왕'이라는 극존칭의 대명사 세종(世宗, 재위 1418~1450)은 결국 조선의 역대 왕 중에서 가장 존경받는 인물이 되었습니다.

지금껏 국민의 사랑을 받는 그는 우리 역사상 가장 훌륭한 국가 경영을 통해 찬란한 민족문화를 꽃피웠습니다. 후대에 길이 남을 배움과 솔선수범의 리더십은 기업을 경영하는 우리에게 많은 교훈을 주고 있습니다.

'설명할 수 없으면 모르는 것이다' 탈무드의 민족

세계 0.2%인 인구를 가진 유대인이 노벨상의 30%를 수상하는 민족으로 거듭날 수 있었던 요인 중의 하나가 '하브루타'라는 교육법입니다. 이는 서로 말로 하는 공부법으로, 유대인들은 '말로 설명할 수 없으면 모르는 것이다'라고 여깁니다. 전 세계에 정치 경제적으로 큰 영향력을 발휘하는 유대인의 성공 비결은 그들이 뛰어나서가 아니라, '배우는 방법'이 달랐던 것임을 주목할 필요가 있습니다.

말하는 공부의 핵심은 자기 객관화를 의미하는 '메타인지'입니다. 메타인지란 자신의 사고 능력을 객관적으로 바라보는 것으로, 말로 설명해보면 아는 것과 안다고 착각하는 것을 찾아낼 수 있습니다. 단순히 많은 정보를 얻는 것을 배움의 목적으로 삼는 것이 아니고, 모르는 것을 알고 이를 보완하기 위한 계획 및 그 실행 과정을 찾아내는 교육 방법입니다.

내 머릿속에 거울이 있습니다. 그게 메타인지인데, 메타인지가 있으니까 사람이 다른 동물보다 더 똑똑한 거예요. 그래서 더 많이 안다고 해서 잘 아는 것이 아니고 자기가 모른다는 걸 알아야 더 잘 알게 되는 거예요. 다른 동물들은 자기가 모르는 걸 몰라요. 로봇도 몰라요.

　　　　　　　- 컬럼비아대 심리학과 메타인지 전공 교수 리사 손

　직장 내 직원들의 자기 계발을 통해 업무 경쟁력을 높이고자 하는 마음은 모든 조직의 지상과제일 것입니다. 이와 관련하여, 학습 24시간 후에 학습 내용이 얼마나 머릿속에 남아 있는지 실험한 연구 보고서가 있습니다. 세계 최고 권위의 미국 행동과학 연구소(NTL, National Training Laboratories)는 '학습 효율성 피라미드'라는 연구 결과를 발표한 바 있습니다.

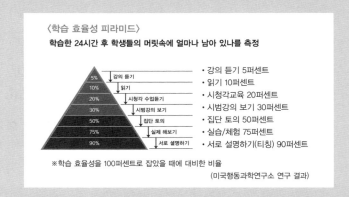

〈학습 효율성 피라미드〉
학습한 24시간 후 학생들의 머릿속에 얼마나 남아 있나를 측정

5%	강의 듣기
10%	읽기
20%	시청각 수업듣기
30%	시범강의 보기
50%	집단 토의
75%	실제 해보기
90%	서로 설명하기

• 강의 듣기 5퍼센트
• 읽기 10퍼센트
• 시청각교육 20퍼센트
• 시범강의 보기 30퍼센트
• 집단 토의 50퍼센트
• 실습/체험 75퍼센트
• 서로 설명하기(티칭) 90퍼센트

※학습 효율성을 100퍼센트로 잡았을 때에 대비한 비율

(미국행동과학연구소 연구 결과)

실험 결과 하루가 지난 후 강의식 교육은 5퍼센트, 읽기 10퍼센트, 집단 토의 50퍼센트, 서로 설명하기 90퍼센트가 기억 속에 남아 있는 것으로 나타났습니다. 결국 안타깝게도 학교나 회사에서 아무리 좋은 강의를 듣고 익혀도 얼마 안 가서는 거의 잊어버리게 됩니다.

교육 전문가들은 유대인의 생활 속에 하브루타를 통해 서로 설명하기, 협동, 토론, 체험이 자연스럽게 어우러져 있는 것을 그들의 성공 비결이라고 밝힌 바 있습니다. 그런데 우리나라는 선생님이나 상사들이 설명을 일방적으로 주입하고 있습니다. 가장 효과적인 학습 효과를 선생님이나 상사들만 누리는 아이러니한 상황이 벌어지고 있는 것입니다.

흔히 하브루타를 통해 내 논리를 상대방에게 설명하려면 상대방의 논리를 파악하고 소화한 후 그보다 더 나은 주장을 펼쳐야 합니다. 그 사람의 생각 위에 내 생각을 쌓아 올리는 과정입니다.

하브루타가 일반적인 강의보다 더 큰 효과를 거두는 것은 어찌 보면 자연스러운 결과일 것입니다. 마치 농구선수가 자기가 직접 그라운드를 뛰어다녀야 재미있듯이, 직접 플레이어가 되어 토론이라는 경기장을 종횡무진하게 되는 것과 같은 이치입니다.

그런 의미에서, 우리 직장 내에서도 MZ 직원들을 비롯한 젊은 직원들이 회의나 교육, 전사 행사 등에서 자신들의 의견을 마음껏 펼칠 기회를 수시로 줘야 합니다. 그런 과정을 통해 자신들이 기획한 아이디어가 더 뾰족해질 수 있기 때문입니다.

우리 직원들도 높은 사람이 찍어 내리는 일방적 소통이 아니라 직급의 높고 낮음을 떠나 자유롭게 토의하다 보면 '1 + 1 = 2'가 아니라 '1 + 2 = 무한대'가 되는 화학적 결합을 도모할 수 있을 것입니다.

"조용히 해"와 "마따호세프"

우리나라 학교에서 학생들이 가장 많이 듣는 말은 아마 "조용히 해!"라는 말일 것입니다. "조용히 해!"의 다른 말은 "시끄러워!", "떠들지 마!"입니다. 우리나라 학생들은 입을 닫게 하는 이 3종 세트의 말을 가장 많이 듣습니다. 심지어 떠든 사람이라고 칠판에 적어놓기까지 했습니다.

반면 유대인 학교나 가정에서 교사나 부모가 가장 많이 쓰는 말은 "마따호세프?"입니다. 이 말은 "네 생각은 무엇이니?" 또는 "너의 생각은 어떠니?"입니다. 유대인의 수업은 그야말로 "마따호세프?"로 시작해서 "마따호세프?"로 끝납니다. 상대방의 의견이나 생각을 묻는 것은 그 사람을 가장 존중하는 태도입니다.

아이에게 이렇게 말하면 아이는 자신이 존중받는다고 느끼게 됩니다. 상사가 부하에게 의견을 물으면 부하는 자신이 존중받고 있다고 여기게 됩니다.

사람은 누구나 내 속에 있는 말을 하고 싶어 합니다. 조직 생활을 하는 우리도 자신을 믿어준 상사에게 마음이 가고 충성을 다하게 됩니다. 자신을 알아준다는 것은 자신의 마음, 자기 생각을 알아준다는 것이기 때문입니다.

『정의란 무엇인가?』로 유명한 마이클 샌델 교수가 수천 명을 상대로 강의할 때 가장 많이 던지는 질문도 "당신의 생각은 어떠신가요?"입니다. 아이비리그 대학에서 교수가 강의할 때 가장 많이 던지는 말 역시 "자네 생각은 어떤가?"라고 합니다.

유대인들이 있는 곳은 어디든 시끄럽습니다. 우리나라 학교 교실은 조용하지만, 유대인 학교는 시끄럽고 질문이 많습니다. 학생들은 선생님의 가르침을 당연한 것으로 받아들이는 것이 아니라 끊임없이 질문합니다. 그들은 수업 시간이든 회사 업무 과정에서든 의문이 생기면 질문을 통해 바로바로 해결해야 한다고 믿습니다. 뒤로 미루면 의문을 해결하는 데 시간이 걸리게 되고, 질문도 잊어버릴 가능성이 커지기 때문입니다.

예로부터 우리는 예의범절을 매우 중시하여 어른이 말씀하실 때 끼어들어서는 안 된다는 교육을 받아왔습니다. 가정이나 직장에서 자신보다 높은 사람들의 말에 참견하거나 끼어들어 말하면 버릇없는 사람으로 치부하기도 했습니다.

그렇기에 우리나라처럼 보수적인 직장 문화에서는 자기의 목소리를 낸다는 것이 쉬운 일이 아닙니다. 그러나 유대인들은 호기심 어린 질문을 중시하고 다소 엉뚱한 질문일수록 더욱 반겼습니다.

직장 내 젊은 직원들은 종종 상상력을 뛰어넘는 질문을 합니다. 대답하기 난처한 질문을 하거나 쉽게 답이 떠오르지 않는 질문을 받게 되면 우리는 "그런 건 굳이 알려고 하지 마"라며 얼버무리고 말문을 닫게 만듭니다. 그러나 "유대인들은 너는 어떻게 생각하니?"라며 질문으로 대답합니다. 유대인들에게는 애초부터 좋은 질문, 쓸데없는 질문, 나쁜 질문이란 존재하지 않기 때문입니다.

뛰어난 토론 실력을 발휘하여 미국의 대통령에 당선된 존 F. 케네디 대통령이 있습니다. 그의 뒤에는 "마따호세프?"를 실천한 어머니 로즈 여사가 있었습니다. 케네디 대통령의 어머니 로즈 여사는 "세계의 운명은 자기의 생각을 남에게 전할 수 있는 사람들에 의해 결정된다"라며, 자녀들이 어릴 때부터 토론 교육을 했습니다.

어머니 로즈 여사는 신문 기사를 눈에 띄기 쉬운 곳에 붙여놓고 아침 식탁의 토론 자료로 삼아 "너는 어떻게 생각하니?"를 아들에게 수없이 질문했다고 합니다. 뉴욕 타임스를 읽지 않으면 아버지의 날카로운 질문을 감당하지 못해 식탁에 앉지 못했다고 케네디는 회고한 바 있습니다.

이러한 훈련으로 케네디는 대선 토론에서 남들의 예상을 깨고 닉슨을 압도할 수 있었습니다. 일방적인 설명이나 이론 소개는 뇌에 자극을 주지 못합니다. 반면 질문을 하게 되면 잠자던 뇌가 깨어납니다. 질문이 던져지면 누구나 질문자에게 관심을 두고 집중하게 되기 때문입니다.

그리고 수천 년의 기간 동안 유대인들의 지혜가 담겨 있는 『탈무드』는 첫 장과 마지막 장이 백지상태로 비어 있다고 합니다. 첫 장이 비어 있는 이유는 배움에는 따로 시작이 없다는 뜻이고, 마지막 장이 비어 있는 것은 삶 속에서 얻은 지식과 경험으로 계속 채워나가라는 의미라고 합니다.

그동안 어렵게 지금까지 직장 생활을 영위해온 우리들은 앞으로도 매달, 매주, 매일 건강하게 자신의 지식과 경험을 어딘가에 채워나가야 할 것입니다.

에필로그 — 좋은 조직을 넘어 위대한 조직으로

세상에 우리가 생각하는 좋은 조직은 많습니다. 하지만 위대한 조직으로 가기는 쉽지 않습니다. 단순히 매출이나 순이익이 위대한 조직의 기준이 아니기 때문입니다. 개인과 조직의 성장이 궤를 같이 하고, 개인의 영역과 조직의 영역이 밸런스를 유지해야 하기 때문입니다.

신구 사이의 원만한 커뮤니케이션도 최근 경영의 이슈가 되고 있습니다. 그런 의미에서 MZ세대는 조직 성장보다 개인 성장을 중요하게 여깁니다. '평생직장' 개념보다는 현재의 회사에서 성장하겠다는 생각이 강한 실용주의 성향을 보입니다.

그들이 원하는 리더십에는 공통점이 있습니다. 바로 조직 목표와 자신의 목표를 '연결'해주는 리더를 원합니다.

> 형, 누나같이 친근하지만 능력 없는 리더 vs 정 없고 까칠하지
> 만 능력 있는 리더

MZ세대 직장인 사이에서 한때 유행했던 밸런스 게임입니다. 대부분의 MZ세대 직장인은 후자를 선택했습니다.

설문 과정에서 어떤 직원이 이런 의견을 냈다고 합니다.

> 회사가 동호회는 아니잖아요. 회사에서 제가 최고의 성과를
> 낼 수 있도록 도와주고, 이를 통해 승진과 인센티브까지 받을
> 수 있도록 이끌어주는 리더가 최고의 리더라고 생각합니다.

이 말이 현재 MZ세대를 비롯한 젊은 직원들이 동의하는 가치일 것입니다. 이처럼 MZ세대는 자신의 꿈과 비전을 위해 그들이 해야 하는 일, 하고 싶은 일을 연결해주는 리더를 원하고 있습니다.

회사 액자에 걸려 있는 딱딱한 비전과 미션보다 "그 과업이 나에게 어떤 도움을 주는가? 나의 성장과 성공에 어떤 영향을 주는가?"라는 질문에 더 관심을 가지기 마련입니다. 조직을 경영하는 리더라면 이 질문에 답할 수 있어야 합니다. 리더라면 '조직'에서 '구성원 개인'으로 전환하는 시대적 변화를 읽을 줄 알아야 합니다.

경영은 개인과 조직의 상호작용이며 더 나아가 조직과 시장의 상호작용입니다. 조직도 시장도 본질은 사람입니다. 따라서 '경영이란

무엇인가'에 대한 답은 '사람이란 무엇인가'라는 질문으로 귀결됩니다. 경영의 본질은 결국 사람을 남기는 일이기 때문입니다. 기업의 역할은 사람을 통해서 사회를 먹이고 살리는 일입니다. 따라서 기업은 사람을 키우고 가꾸는 정원이어야 합니다. 조직의 리더라면 직원들 개개인이 어떤 꽃 인지, 언제 어디서 개화하는지 이해하고 잘 자라도록 도와야 합니다.

몇 년 전까지 '워라밸'이란 말이 절대 진리인 것처럼 대유행이었습니다. '일과 삶의 균형(work-life balance)'을 뜻하는 워라밸은 직장인의 직업 선택과 행복의 기준이 됐고, 기업들도 급하게 근무 여건과 복지를 개선했습니다. 평생 '회사형 인간'으로 살아온 시니어 직원들은 '칼퇴'를 하는 젊은 직원을 바라보며 할 말을 삼켜야 했습니다. 저녁 회식은 어느덧 꼰대의 상징처럼 비치게 되었습니다.

하지만 일과 삶의 분리가 무 자르듯이 가능한지에 대한 논란은 아직도 진행 중입니다. 얼마 전부터는 '워라하(work-life harmony)', '워라블(work-life blending)', '워라인(work-life integration)'이 새롭게 대두되고 있습니다. 다 비슷한 뜻으로, 일과 삶이 조화를 이루거나 혼합되고 통합되는 것을 의미합니다. 일과 삶을 명확히 구분하는 워라밸에 대한 일종의 반작용입니다. 이는 일을 '노동' 행위로만 여기는 게 아니라 자신의 존재 이유와 자기 성장, 가족, 공동체, 여가 같은 가치와 연결하는 것을 의미합니다. 일의 리듬을 삶의 리듬으로 만들어가는 과정입니다. 워라밸은 '시간'에 무게를 두지만, 이 개념은 '가치'를 중시합니다. 창의성과 생산성도 함께 높이기 위한 시도인 것입니다. 아마존의 창업자 제프 베이조스는 한 강연에서 자신은 워라밸이란 말을 싫어한다며 '워라하'를 주장했습니다. 또 일과 삶은 실제로는 하나의 원(circle)이라고 말했습니다.

전자기기와 인공지능(AI)의 발달로 일과 삶의 경계가 허물어지는 오늘입니다. 카페에서 노트북으로 업무를 하고, 이동 중에 휴대전화로 결제하고, 아이를 보살피며 재택근무를 하는 것이 일상이 되었습니다. 직장을 얼마나 다닐지 모르겠지만, 수동적인 삶이 아니라 적극적으로 하루하루 가치를 만들며 최선을 다하는 자세가 필요합니다.

그런 의미에서 우리는 보통 우유를 사거나 마실 때면 유통기한이 얼마 남았는지를 확인하곤 합니다. 역사상 가장 많이 팔린 자기 계발서 중 하나인 『성공하는 사람들의 7가지 습관』의 저자 스티븐 코비는 '끝을 생각하며 시작하라'고 강조했습니다. 사람들은 보통 두 가지 '시간 이론'을 가지고 있습니다. 하나는 '위스키 이론'으로, 묵혀두면 더 좋은 시간이 나중에 올 것으로 생각합니다. 반대는 '우유 이론'으로, 이들은 자기 삶에 유통기한이 있다고 여깁니다. 이들은 '지금 여기에서' 늦추지 않고 내가 할 수 있는 것이 무엇인지 찾습니다.

오늘에 집중하고 싶다면 밀도 있는 삶을 산 스티브 잡스를 떠올려볼 필요도 있습니다. 그는 56년의 짧은 삶을 살았지만, 30년 넘게 매일 아침 거울을 보며 물었습니다.

만일 오늘이 내 삶의 마지막 날이라면, 지금 하려는 일을 할 것인가?

이 질문에 대해 스스로 며칠 동안 반복해서 '아니요'라고 답할 때 그는 일정과 계획을 변경했습니다.

우리 직장인은 오너가 아닌 이상 '미생(未生)'의 삶을 살아야 할 운명을 가지고 있습니다. 『미생』을 만든 윤태호 작가는 "완생은 존재하지 않는다. 사람 자체가 미완성이라서 계속 완생을 꿈꾸며 갈 뿐이다"라고 말했습니다. 그런 의미에서 미생의 삶을 사는 직장인들이 완생을 향해 나가는 과정마다 그 땀과 노력이 조직에는 하나하나의 점으로 남을 것입니다. 이 진정성의 결실인 점들이 하나로 결집될 때 비로소 좋은 조직을 넘어 위대한 조직으로 나아갈 수 있을 것입니다.

조직의 생존을 결정하는
MZ리더십

1쇄 발행   2024년 11월 01일
2쇄 발행   2025년 3월 05일

지 은 이   김태윤

발 행 처   리커리어북스
발 행 인   한현정
디 자 인   이용석

출판등록   제2021-000125호(2021년 4월 15일)
주   소   서울시 강남구 언주로 134길 6, 202호 A224 (논현동, 성암빌딩)
전   화   02-6958-8555
이 메 일   ask@recareerbooks.com
I S B N   979-11-987107-1-0 (03320)

© 리커리어북스 2024